职业教育汽车类专业理实一体化教材
职业教育改革创新教材

汽车商务礼仪

第 2 版

主　　编　韩　洁

副 主 编　徐立峰　罗啸凤

参　　编　滕亚萍　王兰峰　李　倩　刘新新

　　　　　李兴华　郁永娜　齐莎莎　刘　辉

机械工业出版社

本书是基于工作过程要素而开发的适合职业教育的实用性教材，将技能点的训练与知识点的应用进行了有机结合。

　　本书主要内容包括汽车商务仪容仪表礼仪、汽车商务仪态礼仪、汽车商务通联礼仪、汽车商务服务礼仪、汽车商务社交礼仪、汽车商务会展礼仪和汽车商务求职面试礼仪。

　　本书可作为职业院校汽车营销相关专业教材，也可作为汽车销售企业的工作人员或初学者的培训用书。

　　为便于学生自学和教师教学，本书配有二维码视频、电子课件（登录网址：www.cmpedu.com，可下载）和电子教案等，可拨打电话010-88379201或者加QQ1006310850咨询、索取。

图书在版编目（CIP）数据

汽车商务礼仪/韩洁主编.—2版.—北京：机械工业出版社，2022.8
（2024.6重印）
职业教育汽车类专业理实一体化教材　职业教育改革创新教材
ISBN 978-7-111-70855-1

Ⅰ.①汽…　Ⅱ.①韩…　Ⅲ.①汽车—商业服务—礼仪—职业教育—教材
Ⅳ.①F766

中国版本图书馆CIP数据核字（2022）第090411号

机械工业出版社（北京市百万庄大街22号　邮政编码100037）
策划编辑：于志伟　　　　　责任编辑：于志伟
责任校对：张亚楠　王　延　封面设计：鞠　杨
责任印制：单爱军
北京瑞禾彩色印刷有限公司印刷
2024年6月第2版第5次印刷
184mm×260mm·10印张·262千字
标准书号：ISBN 978-7-111-70855-1
定价：45.00元

电话服务　　　　　　　　网络服务
客服电话：010-88361066　机 工 官 网：www.cmpbook.com
　　　　　010-88379833　机 工 官 博：weibo.com/cmp1952
　　　　　010-68326294　金 书 网：www.golden-book.com
封底无防伪标均为盗版　机工教育服务网：www.cmpedu.com

前言
FOREWORD

礼仪是为人之本，成事之根。

本书第 1 版自 2018 年出版以来，受到了广大读者的欢迎、获得了一致好评。随着数字化和信息化技术的迅猛发展，汽车商务礼仪有了新的发展，编者结合广大读者的建议以及职业教育发展的新要求，对第 1 版进行了修订，以帮助读者更好地提升礼仪文化素养。

本书延续了第 1 版的"以汽车行业需求为基础"的理念，依据《国家职业教育改革实施方案》(国发〔2019〕4 号)和《关于实施中国特色高水平高职学校和专业建设计划的意见》(教职成〔2019〕5 号)等文件要求，结合职业院校学生的认知特点，按照先进的人才培养模式、课程体系、教学内容和教学方法进行完善与修订。特别是对汽车商务仪态礼仪、汽车商务服务礼仪、汽车商务社交礼仪和汽车商务会展礼仪等重要内容部分增加了视频内容，将信息化教学充分运用到教学环节之中。

本书主要具有以下特点：

1. 内容针对性更强

本书对汽车商务活动的经典场景进行整合提炼，将礼仪要求融合到各个商务活动之中，使礼仪内容更加具有针对性。同时，将礼仪内容以企业工作实际内容为载体进行了有机融合。

2. 内容覆盖更全面

本书内容涵盖汽车商务活动中的方方面面，囊括了汽车商务活动中的仪容仪表礼仪、仪态礼仪、通联礼仪、服务礼仪、社交礼仪、会展礼仪和求职面试礼仪。学生学完本课程，能够掌握汽车商务礼仪中的绝大部分知识与技能，可以快速融入到汽车商务服务的岗位中。

3. 结构模式新颖

根据工学一体化的教学模式对内容进行融合编排，把教学目标融入到任务活动的各个环节，使学生在完成各个环节的工作中掌握知识、练就技能；将枯燥的理论知识融入到具体的汽车商务活动中，使得学生能够在"做中学、学中做"，实现理实一体化教学。

4. 教学资源更加信息化

针对书中重点和细节内容，配备了视频进行内容讲解和礼仪演示，帮助读者学习、体会和理解相关内容，提升学习效果。

本书由韩洁担任主编，徐立峰、罗啸凤担任副主编，滕亚萍、王兰峰、李倩、刘新新、李兴华、郁永娜、齐莎莎、刘辉参与编写。

本书在编写过程中，借鉴和参阅了大量国内外著作和文献资料，在此对相关的作者表示衷心的感谢。

由于编者水平有限，书中难免有错漏和不足之处，敬请广大读者批评指正。

编 者

二维码清单

名　　称	图　形	名　　称	图　形
交叉蹲姿礼仪		休息区礼仪，奉茶礼仪	
六方位绕车介绍		奉茶礼仪	
女士坐姿		女士站姿	
拜访礼仪		指示手势礼仪	
接待礼仪		握手	
斜下式手势礼仪		男士坐姿	
男士站姿		站姿礼仪	
行姿礼仪		西餐点餐	
西餐餐具使用		西餐餐具摆放	

（续）

名　称	图　形	名　称	图　形
西餐餐巾使用		蹲姿	
递送名片		馈赠礼仪	

目录
CONTENTS

前言

二维码清单

概述 ／ 001

学习领域一　汽车商务仪容仪表礼仪 ／ 002
　学习情景一　汽车商务仪容礼仪 ／ 003
　　活动一　面部及肢体修饰 ／ 003
　　活动二　头部修饰 ／ 007
　学习情景二　汽车商务着装礼仪 ／ 009
　　活动一　职业着装礼仪 ／ 009
　　活动二　饰物搭配礼仪 ／ 017

学习领域二　汽车商务仪态礼仪 ／ 022
　学习情景一　汽车商务常规仪态礼仪 ／ 023
　　活动一　站姿礼仪 ／ 023
　　活动二　坐姿礼仪 ／ 026
　　活动三　行姿礼仪 ／ 030
　　活动四　蹲姿礼仪 ／ 032
　学习情景二　汽车商务神态及手势礼仪 ／ 035
　　活动一　神态礼仪 ／ 035
　　活动二　手势礼仪 ／ 038

学习领域三　汽车商务通联礼仪 ／ 043
　学习情景一　汽车商务基本语言礼仪 ／ 044
　　活动一　语言艺术与礼貌用语 ／ 044
　　活动二　有效选择话题 ／ 048
　　活动三　学会聆听与提问 ／ 050
　学习情景二　汽车商务电话礼仪 ／ 052
　　活动一　拨打电话礼仪 ／ 053
　　活动二　电话接听礼仪 ／ 055
　学习情景三　汽车商务文书礼仪 ／ 058
　　活动一　请柬与应邀回函礼仪 ／ 058
　　活动二　致辞文书礼仪 ／ 062
　　活动三　电子邮件礼仪 ／ 064

学习领域四　汽车商务服务礼仪 ／ 067
　学习情景一　汽车商务服务顾问接待礼仪 ／ 068

活动一　引领礼仪 / 068
活动二　前台接待礼仪 / 071
活动三　环车检查礼仪 / 074
活动四　结算与交车礼仪 / 079
学习情景二　汽车商务销售顾问接待礼仪 / 081
活动一　握手礼仪 / 081
活动二　交换名片礼仪 / 083
活动三　环车介绍新车礼仪 / 086
学习情景三　汽车商务休息区接待礼仪 / 090
活动一　奉茶礼仪 / 090
活动二　客户休息区礼仪 / 092

学习领域五　汽车商务社交礼仪 / 095
学习情景一　汽车商务拜访礼仪 / 096
活动一　预约赴约礼仪 / 096
活动二　正式拜访礼仪 / 099
学习情景二　汽车商务宴请礼仪 / 101
活动一　中餐进餐礼仪 / 101
活动二　西餐进餐礼仪 / 107
活动三　礼品馈赠礼仪 / 111

学习领域六　汽车商务会展礼仪 / 116
学习情景一　汽车商务一般会议礼仪 / 117
活动一　会议筹备工作礼仪 / 117
活动二　会议及会后礼仪 / 120
学习情景二　汽车商务会展礼仪 / 122
活动一　展览会筹备礼仪 / 123
活动二　会展期间及撤展礼仪 / 126
活动三　汽车展览会 / 129

学习领域七　汽车商务求职面试礼仪 / 134
学习情景一　汽车商务求职面试准备 / 135
活动一　求职面试定位 / 135
活动二　求职材料准备 / 139
学习情景二　汽车商务求职面试技巧 / 143
活动　面试技巧 / 143

附录 / 147
附录A　世界各国主要节日中英文对照 / 147
附录B　常用英文礼仪用语 / 149

参考文献 / 151

概述

中国作为礼仪之邦，自古以来就特别重视礼仪礼节，孔子说"克己复礼"，荀子说"人无礼则不立，事无礼则不成"。古人先贤的经典思想，已经根植在我们的血脉里，它时刻提醒着我们：礼仪礼节是为人之本，成事之根。

不论是古代还是现代，只要有商业活动或者商务交流，礼仪始终都不可或缺。从古至今，它以不同的方式和形态在人类的商业活动中扮演着重要的作用。汽车作为工业时代的发明，其商务礼仪自然是汽车商业的重要组成部分。

一、汽车商务礼仪定义

汽车商务属于商业交易的一种，既然属于商务，必然就需要礼仪，汽车商务礼仪是汽车商务中重要的组成部分。它指在汽车商务活动中所要遵循的礼仪规范和准则。

二、汽车商务礼仪的原则

汽车商务礼仪遵循三A原则，3A即Accept、Attention、Admire，其内涵分别为"接受对方""重视对方""赞美对方"。

1. Accept—接受对方

在与对方打交道的时候，在不违反原则的基础上，在商务活动中一般性的沟通上，首先要照顾对方的诉求和意见。

2. Attention—重视对方

在个人的仪表方面，适当的妆容是对对方的重视。同样，适当的动作、语言，也是对对方的重视，这样会让对方感受到被尊重，从而可以进行更好的沟通。

3. Admire—赞美对方

要根据实际情况与交流氛围，真心实意地去赞美对方。

三、汽车商务礼仪的作用

1. 有助于提高汽车商务中的个人形象和企业的软实力

一个人懂礼仪、讲礼仪，会在他人心中树立良好的个人形象，也会为自己的组织或者企业带来良好的附加印象。在市场竞争中，软实力的竞争很重要，员工形象作为软实力或者企业文化的一部分，它对企业软实力的认可、对消费者的企业直观认知、对企业的市场竞争有着相当大的作用。

2. 有助于建立良好的人际关系和沟通氛围

商务礼仪的重要功能是对人际关系的调节，如果汽车商务人员都能自觉地遵守商务礼仪规范，就能更容易为汽车商务活动创造一个良好的沟通环境，从而迅速而又自然地建立起相互信任的关系，促成商务活动的顺利完成。

学习领域一
汽车商务仪容仪表礼仪

见人不可不饰，不饰无貌，无貌不敬，不敬无礼，无礼不立。

仪容仪表指的是人的容貌长相和穿着打扮。个人形象对于汽车商务人员而言是非常重要的，它体现的是一个人的精神风貌和工作态度。假如一名汽车商务人员在商务活动中对自己的形象不加注意，那么会直接影响其所在单位的整体形象。

汽车商务人员的仪容礼仪主要指其容貌长相，可以通过美观自然的发型、大方得体的妆容来塑造；仪表礼仪主要指不同场合的着装礼仪。着装是一种文化现象，是一种无声的语言，着装从一个侧面可以传递出一个人的修养、性格、气质、爱好和追求。雅致端庄的服饰显示出对他人的尊重，邋遢不洁的着装是一种不礼貌的行为。因此，注重仪容仪表礼仪是汽车商务人员维护自身形象、取得事业成功的基本要求。

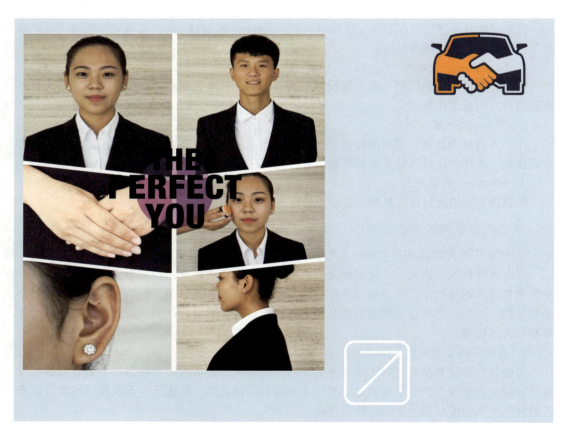

学习情景一 汽车商务仪容礼仪

学习目标

知识目标：通过学习，学生能够准确把握在不同场合对汽车商务人员的仪容要求。

能力目标：通过模拟训练，学生能够结合情景设定，塑造良好的汽车商务人员形象。

情感目标：通过提升培养，学生能够自我审视、完善自我职业形象，进而提升自身综合素养。

情景导入

小李从L市某职业学院毕业，经学校推荐，进入了L市某奥迪4S店做汽车销售顾问。一大早小李怀着激动的心情去上班，下午却闷闷不乐地回到家。原来是因为小李比较赶时髦，留着一个夸张的发型，销售总监要求他回家整理好发型再来上班。作为汽车服务的专业人员，你将如何帮助小李设计适合工作的仪容？

活动一 ≫ 面部及肢体修饰

面部是人际交往中被关注的焦点，汽车商务人员要想让自己在汽车商务活动中表现得更加从容、自信，首先应该注重面部修饰。同时，由于汽车商务人员需要经常使用手势辅助表达，手部不可避免地会经常暴露在外面，同样会引起别人的注意，因此对手部也需要进行必要的修饰。不过，性别的差异和人们认知的不同，使得男性和女性在面容美化和肢体修饰的方式方法以及具体要求上有所不同。

知识储备一 仪容修饰基本要求

仪容通常是指人的外观与外貌，主要指外貌。

个人仪容的基本要求是"仪容美"，包括三个层次。

1. 仪容自然美

仪容自然美指每个人与生俱来的、独一无二的先天条件。

2. 仪容修饰美

仪容修饰美指依照规范与个人条件，对仪容进行必要修饰后所呈现的一种美。在有条件的情况下，可以求教于专业人士（如形象顾问）。仪容修饰美以美观、大方、整洁和方便生活与工作为原则，既要考虑流行时尚和个人品位，还要和自己的工作性质、身份、气质、脸型、发型、体型和年龄相匹配。

3. 仪容内在美

仪容内在美指通过努力学习，不断提高个人的文化修养、艺术修养和思想道德水准，培养出自己的高雅的气质与美好的心灵，使自己秀外慧中，表里如一。

仪容修饰的基本要求具体如下。

1. 整洁

要保持整齐、洁净、清爽，勤洗脸、勤洗澡、勤换衣服，保持身体无异味，随时清除眼角、口角及鼻孔的分泌物。男士要定期修面，注意不要蓄须，鼻毛不要外现。

2. 卫生

注意口腔卫生，早、晚刷牙，饭后漱口，保持牙齿清洁、口腔无异味，在重要应酬之前忌食葱、蒜、韭菜和腐乳等有刺激性气味的食物。需要注意的是，为了消除不良气味而当着客人面嚼口香糖也是不礼貌的。

3. 端庄

仪容既要修饰，又要保持简练、庄重、大方，给人以美感。例如，在商务场合，女士应不留长指甲、不使用醒目的甲彩。

知识储备二　男士面容修饰

面部是人际交往中被关注的焦点，汽车销售岗位的男士在进行汽车商务活动的过程中，进行适当的修饰装扮和面容的美化是必不可少的。但是，男士在修饰的时候，不能像女士那样精妆打扮，而是要着力表现自己的气质美和风度美。面部修饰要自然，同时要符合自己的形象特点。总之，男士面容修饰应把握的基本原则是干净、整洁、大方，如图1-1所示。

1. 面部清洁

清洁面部就是清除脸上的污垢，保持面部干净、清爽。为此，就要勤洗脸、勤修面。

图1-1　男士面容

2. 使用护肤品和无色唇膏

保护类化妆品的主要功能是保护皮肤，使之细腻、滋润，常见的品种有冷霜、乳液、膏霜等，功能不一，各具特色，使用者可以根据自己皮肤的状况和使用时间来选用。无色唇膏主要在冬季或者干燥季节使用，可起到滋润嘴唇、防止嘴唇干裂的作用。

3. 美发

发型是男士面容修饰的重要部分，是商务活动中被注视的另一个焦点，一定要加以重视。这个问题将会在发型修饰部分进行详细介绍。

知识储备三　女士面容修饰

汽车商务活动中女士仪容和男士仪容没有本质的区别，女士主要是借助修剪、描画、遮掩等修饰手段达到美化容颜的目的。汽车销售岗位女士的仪容既不能素面朝天，也不可浓妆艳抹。若化妆过浓、装扮过于个性自我，难免会导致尴尬。所以，汽车商务女性从业者一般要遵从公司岗位要求，即头发梳理整齐，长发盘起，刘海不遮眼睛；皮肤洁净，淡妆自然，确保与颈部协调，腮红颜色应该与口红和眼影的色调相搭；手部保持洁净无斑点，指甲修剪整齐，要与整体环境和谐，如图1-2所示。

女士化妆的一般步骤和技巧见表1-1。

图1-2　女士面容

表1-1　女士化妆的一般步骤和技巧

步　骤	技　巧
面部清洁	使用洗面奶除去面部污垢，使面部彻底清洁，随后在脸上拍打化妆水
涂敷粉底	敷粉底前使用少量护肤霜，以保护皮肤免受其他化妆品的刺激，并且会使涂敷粉底的工作更容易进行 接下来，在面部不同区域使用深浅不同的粉底，使妆容产生立体感 最后使用少量定妆粉来固定粉底
描眉画眼	首先，修眉、拔眉 其次，沿着眉毛的根部画眉形 再次，使用睫毛膏、睫毛夹对睫毛进行加工、定型 最后，通过眼影为眼部着色，加强眼睛的立体感
美化鼻部	画鼻侧影，弥补鼻型缺陷
打腮红	打腮红的目的是美化面颊，使人更加容光焕发 涂好腮红，再次用定妆粉定妆
修饰唇型	先使用唇笔描出唇型，然后涂上色彩适宜的唇膏，使红唇生色
喷涂香水	喷涂香水可以美化身体的整体"大环境"
修正补妆	检查化妆的整体效果，进行必要的调整、补充、修饰和矫正

知识储备四　肢体修饰

　　除了头部、面部外，汽车商务人员的双手会经常不经意地展现在客户面前，例如介绍产品、签约时等，所以手部也容易被人注意。为了使手部看起来干净整洁，给客户以美感，适当地对其进行保护与美化是十分必要的。

1. 手的保养

　　对于手的保养主要是防晒。为了减轻阳光对手的伤害，可以涂抹防晒乳液；骑车时应戴手套，既能遮阳，也起防寒的作用。如果经常接触水，可以戴防水手套。

2. 指甲的修饰

指甲需要经常修剪，长度以不超过手指指尖为宜，要慎重选择甲彩，同时注意指甲卫生，如图1-3所示。

3. 手臂、腋下及脚部的清洁

穿短袖的时候，手臂会裸露在外面，此时应注意清理汗毛、去除角质，给人以清新的感觉。同时，可在腋下涂抹止汗香露。女士的脚部在夏天会外露，应像对待手部一样护理修饰。另外，为防止脚部异味，平时应垫防臭鞋垫并经常清洗。

图1-3　指甲修饰图

 技能训练　**面容的修饰**

1. 准备工作（表1-2）

表1-2　面容修饰准备工作

场 地 准 备	工 具 准 备	课 堂 布 置	教 师 要 求
5把椅子/组 2张桌子/组	2面化妆镜/组 1个化妆盒/组	5人/组，4组	着职业装

2. 分组讨论

结合4S店相关职位的要求，讨论汽车商务人员不同岗位的化妆要求。小组成员分别发表看法，小组记录员汇总各个组员发表的汽车商务人员的化妆要求（男/女）到表1-3中。

表1-3　男士、女士化妆要求

男　　士	
女　　士	

3. 内部交流

根据岗位要求，小组内部相互指导，各自进行调整，选出各组中化妆效果最佳的妆容进行展示。

根据组内情况，选出一名模特，用事先准备好的化妆盒，给模特化妆，其他同学进行指导。

4. 展示评比

小组派代表对本组的妆容予以展示，各个小组的组长进行打分，找出缺点，评出最优。

化妆结束，各个小组的模特到指定地点进行展示，各小组组长按照评价表给出的评分标准对其他小组的模特进行评分。评分结束，选出化妆最优同学以及最佳小组。

5. 评价表（表1-4）

表1-4　面容修饰评价表

评 价 项 目	情景展示（2分）	妆容要求（4分）	体态自然（2分）	表情到位（2分）	总分（10分）	
评 价 标 准	符合岗位需求	妆容适宜	身体配合自然大方	表情自然	自评（　　）	互评（　　）
第　　组						
点 评 记 录	优点					
	缺点					

6. 自我总结

活动二 ≫ 头部修饰

正常情况下，人们观察一个人往往是"从头开始"的，头部对第一印象的塑造至关重要。因此，个人形象的塑造要"从头做起"。头部修饰主要分为护发与发型选择两个部分。

知识储备一　护发

头发必须保持干净、清爽、卫生、整齐的状态，要达到以上要求，需要做好以下几方面。

1）为避免留有分泌物甚至产生气味，要经常清洗头发，除垢去屑，防止产生异味，同时要每天梳理头发使头发条理分明。

2）学习头发养护的方法，根据自身情况保护和清洗头发，养成良好的饮食和睡眠习惯。

知识储备二　发型选择

发型是构成仪容的重要部分，恰当的发型会使人精神焕发，充满朝气和自信。发型在设计上要与脸型、体型、季节、年龄、职业和气质等因素相协调，体现和谐的整体美。

1. 发型与性别相适应

发型一向被看作性别的重要区分标志，虽然近几年来发型的选择日益多元化，但是作为汽车商务人员依旧要遵守礼仪规则。

在汽车商务活动中，男士发型最重要的是整洁、规范、长度适中，款式适合自己。具体要求：前不附额、侧不掩耳、后不及衣领。职业男士的发型可以体现一个人的性格、修养和气质。短发型可以体现年轻人朝气蓬勃的精神面貌，如图1-4所示。

图1-4　男士发型

在汽车商务活动中，女士的发型要体现整洁、清爽的特点，符合工作岗位规范，一般要庄重典雅，不能过分时尚。在汽车商务活动中，长发女士最好把头发束起来或者盘起来。发型要适合自己的年龄、季节、场合和汽车文化品牌等。夏天，应留凉爽、舒畅的短发；冬天，可以留长发；春秋季节比较随意，如图1-5所示。

图1-5　女士发型

2. 发型与年龄相适应

汽车商务人员在选择发型时，必须考虑自己的年龄，且勿"以不变应万变"，避免发型与年龄相差过大。

3. 发型要适合发质

选择发型之前要了解自己的发质。一般，发质可分为硬发、绵发、沙发和卷发4种类型。

4. 发型与脸型（表1-5）相适应

恰当的发型可以扬长避短，体现发型与脸型的和谐之美。

表1-5　发型与脸型

圆　脸	选择垂直向下的发型，顶发适当蓬松，可显脸长，且宜侧分头，以不对称发来减弱脸型扁平的特点。面颊两侧不宜隆发，不宜留齐刘海
方　脸	面部短阔，两腮突出，轮廓平直，应注重以圆破方，增长脸型。可采用不对称发、翻翘发增加发式变化，增加顶发
长　脸	给人以古典感，脸型较美，发型设计重在扬长
"由"字脸	额窄而腮宽，发型应力求上厚下薄，顶发丰隆，前额不要裸露在外
"甲"字脸	额宽而颚窄，宜选择短发，同时露出前额
六角形脸	主要特征是颧骨突出，中长发以选择波浪式发型为宜，短发时要突出头发的柔美，挡住太阳穴

5. 发型与身材相适应

在选择发型时，需要考虑身材的差异。一般来说身材高大者，在发型方面选择比较多。身材矮小者，发型选择会受到一定的限制。身材矮小者最好选择短发，以便利用视觉差使自己显高。身材高而瘦者，可选择直发、长发、波浪发，这样会显得丰盈一些。身材胖者不宜留长发，更不宜将头发弄得蓬松。

6. 发型与职业相适应

作为汽车商务人员，发型应与汽车商务活动相适应。

 技能训练　**发型的修饰**

1. 准备工作（表1-6）

表1-6　发型修饰准备工作

场 地 准 备	工 具 准 备	课 堂 布 置	教 师 要 求
5把椅子/组 2张桌子/组	2面化妆镜/组 1个化妆盒/组	5人/组，4组	着职业装

2. 分组讨论

根据知识储备，小组内成员讨论汽车商务人士应有的发型特点，小组内的记录员将讨论的结果记录到表1-7中。

表1-7　男士、女士发型要求

男　士	
女　士	

3. 内部交流

根据发型标准，小组内部相互指导，找出组内各个成员发型不符合要求之处，选出本组发型最为合适的两位同学。

4. 展示评比

对本组发型最为合适的同学的发型进行最终的修饰，使之与其性别、年龄、职业更好地契合。该同学根据汽车销售岗位的要求，到指定的位置进行展示，同时由各个组长或者代表对各个细节进行观察，根据标准进行打分，时间为10min。评选出本节课中发型修饰方面的"型男"和"型女"，并要求下节课同学能够根据自己的特点进行发型修饰。

5. 评价表（表1-8）

表1-8　发型修饰评价表

评价项目	表情流露 （4分）	发型合适 （4分）	细节注意 （2分）	总分 （10分）	
评价标准	表情大方自然	发型符合自身条件	手部和脚部等细节符合要求	自评（　　）	互评（　　）
第　　组					
点评记录	优点				
	缺点				

6. 自我总结

学习情景二　汽车商务着装礼仪

学习目标

知识目标：通过学习，学生能够准确把握汽车商务人员不同场合的着装要求。

能力目标：通过模拟训练，学生能够结合自身条件和情景设定塑造良好的汽车商务人员的形象。

情感目标：通过提升培养学生能够自我审视、完善自我职业形象，进而提升自身综合素养。

情景导入

小李从L市某职业学院毕业，在学校的推荐下，进入了L市某奥迪4S店做汽车销售顾问。小李很高兴自己终于可以走上工作岗位了，但是，习惯了穿着运动装的小李在如何搭配职业装的问题上伤透了脑筋。作为汽车商务人员，你将如何为小李设计职业装的搭配？

活动一 >> 职业着装礼仪

着装是一种文化现象，是一种无声的语言。着装在一定程度上反映一个人的修养、性格、气质、爱好和追求，如图1-6所示。雅致、端庄的服饰表示对他人的尊重，邋遢不洁的着装则是不礼貌的。着装体现着一种企业文化、一种品牌文化，体现着一个人的文化修养和审美情趣。

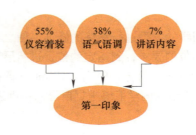

图1-6　仪容着装的重要性

知识储备一　着装TPO原则

TPO是英文Time、Place、Object首字母的组合。

T代表时间、季节、时令、时代；P代表地点、场合、职位；O代表目的、对象。TPO原则是世界通行的着装打扮的基本原则，它要求人们的着装要与时间、季节相吻合；要与所处的场合环境及不同的国家、区域、民族的习惯相吻合；要符合人的身份；根据不同的交往目的、交往对象选择服饰，给人们留下良好的印象，见表1-9。

表1-9　着装TPO原则

同 步 原 则	1. 与时代同步：着装要与潮流趋势保持同步
	2. 与季节同步：着装要与春、夏、秋、冬四季同步
	3. 与时间段同步：着装要与白天、晚上同步，白天合身、严谨；晚上宽大、随意
场 合 原 则	1. 办公场合：着装要郑重保守、端庄大方，可以着套装、套裙、长衣长裤、长袖衬衫
	2. 社交场合：力求符合社交活动特点，如女士参加酒会可以穿旗袍
	3. 休闲场合：力求舒适自然，展现个性，如在海滩穿泳装、旅游穿牛仔裤
目 的 原 则	着装往往体现着一定的目的，自己的着装留给他人的印象如何，会有一定的预期。着装要适合自己的社会角色

知识储备二　着装颜色搭配

色彩有暖色调、冷色调、中间色和过渡色之分，不同的颜色有着不同的象征意义，见表1-10。

表1-10　着装颜色搭配

色　彩	分　类	象征意义
暖色调	红色、黄色、橙色	红色象征热烈、活泼、兴奋、富有激情 黄色象征明快、鼓舞、希望、富有朝气 橙色象征开朗、欣喜、活跃
冷色调	黑色、蓝色	黑色象征沉稳、庄重、冷漠、富有神秘感 蓝色象征深远、沉静、安详、清爽、自信而悠远
中间色	黄绿色、红紫色、紫色	黄绿色象征安详、活泼、幼嫩 红紫色象征明艳夺目 紫色象征华丽、高贵
过渡色	粉色、白色、淡绿色	粉色象征活泼、年轻、明丽而娇美 白色象征朴素、高雅、明亮、纯洁 淡绿色象征生命、鲜嫩、愉快和青春等

为了使服装配色和谐，可以从以下几个方面入手。

1. 整体协调原则

全身着装色彩不超过三种，而且以一种颜色为主色，颜色太多则显得乱而无序、不协调。灰、黑、白在服装搭配中占有重要的位置，几乎可以与任何颜色搭配。

2．上、下装同色

上、下装同色，着套装并加以饰物点缀。

3．同色系配色

利用同色系中深浅、明暗度不同的颜色搭配，可使同色系配色协调。对比色搭配如果运用得当，会有相映生辉、令人耳目一新的效果。年轻人着上深下浅的服装，显得活泼、飘逸、富有青春朝气；中老年人上浅下深的搭配，给人以稳重、沉着的感觉。同时要注意，衬衣的颜色不能与外套的颜色相同，明暗程度、深浅程度要有明显对比。

着装配色要遵循的另外一条重要原则就是根据个人的肤色、年龄、体型选择颜色。肤色黑，不宜穿过深或者过浅颜色的衣服，忌用明亮的黄橙色或者色调极暗的褐色、黑紫色；皮肤发黄的人不宜选用半黄色、土黄色、灰色服饰，否则会显得精神不振和无精打采；脸色白的人不宜穿绿色服饰，否则会显病态；白色衣服与任何颜色的衣服搭配效果都不错。

体型瘦的人适合穿色彩明亮度高的浅色衣服，体型胖的人穿明亮度低的深色衣服会显得苗条。

知识储备三　男士西装

一般来讲，从事汽车商务工作的男士都以西装作为职业装，这样既显得成熟、稳重，又可以给客户一种规范、值得信赖的感觉。西装起源于欧洲，目前在全世界流行。正装西装典雅高贵，拥有开放适度的领部、宽阔舒适的肩部，略加收缩的腰部，使着装者英武矫健、风度翩翩、魅力十足。下面从西装、衬衫、领带等方面介绍男士商务西装的搭配。

一、西装的选择

1．颜色

从色彩的角度来讲，正装西装的基本特点是单色的（一般为蓝色、灰色和黑色），礼服多为黑色，休闲西装在颜色的选择上比较多。

2．面料

正装西装一般使用纯毛面料，或者含毛比例较高的混纺面料。休闲西服的面料种类较多，有皮、麻、丝和棉等材质。

3．款式

款式是正装和休闲装的最大区别。正装西装一般都是成套的，而休闲西装则是单件。休闲西装一般都配有明兜，明兜没有盖，正装西装则配以暗兜且有盖。

二、西装的穿着

1．西装上衣体现整体精神风貌

衣长，垂下手臂时衣服下沿与手指虎口处相齐；袖长，到距离手腕1～2cm处为宜；衣领，不要过高，一般以在伸直脖子时脖子高出衣领2cm左右为宜；肩部，要适宜，西装的肩部是整套西装的精神所在（肩部太紧，则西装的后背会出现横向皱纹；太宽松，则整个人显得没精神）；背部，以恰好盖住臀部为宜，前襟和后背下面不能吊起，应与地面平行，如图1-7所示。

2．西装的裤子要与上衣协调

腰围，必须要能在扣上扣子、拉上拉链、呼吸自然平顺的情况下，不松不紧地刚好容纳一只手掌的厚度；裤裆，应随着小腹与胯下自然垂缀，平整地与裤管连在一起，从后背看西装裤应顺着臀部线紧松合宜地与裤管相连；裤管的长度，从正面看，必须舒适地垂到鞋面上，过长则会隆起过多褶皱，从背面看，裤管的长度应落在鞋跟和鞋身的交界处，若想让腿部看起来修长，则可将裤管的长度延至鞋跟1/2处，如图1-8所示。

图1-7　男士西装上衣

图1-8　男士西裤

3. 西装口袋的装饰作用大于使用价值

不能让口袋显得鼓鼓囊囊，使西装整体走样。上衣左侧胸部口袋可放一块丝帕，内部口袋则可放名片、钢笔和钱夹等，但不要过厚，上衣下部的口袋最好不放东西。西装背心上的口袋除了放怀表以外，不宜放置其他东西。西装裤子的两个侧口袋只能放纸巾、钥匙包，后侧口袋不宜放任何东西。

4. 西装的纽扣是区分款式、版型的重要标志

起身站立时，西装纽扣应当全扣，表示郑重其事，如图1-9所示。就座之后，西装的上衣纽扣要解开，以防止走样，如果是三件套，则马甲上的扣子应扣好，外套扣子解开，如图1-10所示。纽扣不同扣法的含义见表1-11。

图1-9　站立时的西装扣

图1-10　坐下时的西装扣

表1-11　纽扣不同扣法的含义

单排二粒	全部不扣，表示轻松、随意；扣上面一颗，表示郑重；全扣尽量少用，且坐下后，要把下面一颗解开
单排三粒	全部不扣，表示随意、轻松；扣中间一颗，表示正宗；扣上面两颗，表示郑重；全扣尽量少用，且坐下后，要把下面一颗解开
双排扣	可全扣，亦可只扣上面一颗，表示轻松、时髦，但不可不扣

知识储备四　男士衬衫装

1. 衬衫的选择（表1-12）

表1-12　衬衫的选择

面　料	正装衬衫主要以高织精纺的纯棉、纯毛制品为主，以棉、毛为主要成分的混纺衬衫也可酌情选择
颜　色	正装衬衫一般为单色，在正规的商务活动中，白色衬衫是最佳选择
图　案	正装衬衫以无图案为最佳，也可考虑较细竖条纹衬衫，但不可与西装条纹相同
款　式	一般多为方领、短领和长领，具体选择需要兼顾本人的脸型、脖长以及领结大小

2. 衬衣的穿着（表1-13）

表1-13　衬衣的穿着

系上衣扣	穿西装的时候，衬衫的衣扣、领扣、袖扣一一系好，只有在不打领结的时候才可以解开衬衣领扣
下摆收好	穿长袖衬衫时，要把衬衫下摆均匀地掖到裤腰里面，不能让它在裤腰处紧巴巴的，或者上下错位、左右扭曲
大小合身	既不能太肥大，也不能太紧身，不能过长，也不能太短
袖长适度	正装衬衫的袖长要适度，穿西装时，衬衫的袖扣应恰好露出1cm左右
内衣不外现	穿在衬衫内的背心或者内衣，以U领或V领为主，要注意内衣袖管不要外露

男士衬衫穿着标准如图1-11所示。

图1-11　男士衬衫穿着标准

知识储备五　男士领带

一、领带的选择

1. 面料

用真丝或者羊毛制作的领带较好。

2. 色彩

从颜色来看，领带有单色和多色之分。在商务活动中，蓝色、灰色、棕色、黑色和紫色等单色领带都是十分理想的选择。在正式场合中，商务男士切勿佩戴多于3种颜色的领带，且尽量不要佩戴浅色和艳色的领带。

3. 图案

在商务活动中应主要佩戴单色无图案领带，或者以条纹、圆点和方格等规则几何图形为主要图案的领带。

4. 款式

首先，领带的款式往往受到潮流的影响。商务人士应当注意，领带有箭头和平头之分，下端为箭头的比较传统、正规；下端为平头的则显得时髦、随意一些。其次，领带有宽窄之别，领带的宽窄与个人的胸围以及西装的衣领成正比。最后，简易式领带，如"一拉得"领带不适合在正式的商务活动中使用。

二、领带的整理

领带的整理技巧如下：

首先，领带要打得端正、挺括，呈倒三角；其次，在收紧领结的时候，在下面压出一个窝或者一条沟，使其美观、自然；最后，领结的大小应与衬衫领子大小成正比，领结打好以后，外侧应长于内侧，穿立领衬衫不宜打领带，穿翼领衬衫则需扎蝴蝶结。

三、领带的配饰

1. 领带夹

领带夹主要用于将领带固定在衬衫上。领带夹的正确佩戴位置，介于衬衫从上往下数第4颗、第5颗纽扣之间，如图1-12所示。系上西装扣以后，领带夹不能外露。

2. 领带针

领带针主要用于将领带固定于衬衫上，并发挥一定的装饰作用，有图案的一端位于领带之外；另一端的细链应避免外露。领带针一般佩戴于衬衫从上往下数第3颗纽扣处领带正中央。

3. 领带棒

穿着扣领衬衫时，可将领带棒穿过领带，并将其固定于衬衫领口处。

图1-12　男士领带及配饰

知识储备六　皮鞋、袜子、腰带

1. 皮鞋

汽车商务人员所穿鞋子应当庄重而正式，以皮鞋为佳。按照惯例，与西装配套的皮鞋应为深色、单色。磨砂皮鞋、翻毛皮鞋多为休闲鞋，不太适合与西装搭配。同时，不宜选择尖头皮鞋、拉链皮鞋、厚底皮鞋、高跟皮鞋、坡跟鞋或者高帮鞋。要求鞋内无味、鞋面无尘、鞋底无泥。

2. 袜子

穿西装、皮鞋时所穿的袜子，最好是纯棉、纯毛材质。有些以棉、毛制品为主的混纺袜子，也可考虑。最好不选用丝袜或者尼龙袜。袜子以单色为宜，忌发光、发亮。袜子要保持干净，避免有破洞、跳丝。一般而言，袜子的长度不要低于脚踝，同时注意皮鞋、西裤、袜子三者的颜色要相近，以免显得突兀。

3. 腰带

在选择腰带时，要保持低调，黑色、棕色和栗色的皮带，配以金属质、钢质或者银质皮带扣为宜。正式场合不宜使用样式新奇和带有巨大皮带扣的皮带。注意：腰带上不要携挂钥匙、手机等物品。同时，腰带不要太短或太长，一般系好之后尾端应介于第一和第二个裤绊之间。皮带不宜太宽或者太窄，皮带宽度以3cm为宜，皮带扣要与拉链在一条线上，如图1-13所示。

图1-13　男士腰带、皮鞋

知识储备七　整体搭配原则

1. 遵循三色原则

三色原则要求男士的西装、衬衫、领带、腰带和鞋袜的颜色不超过3种色系，因为从视觉上讲，服装的色彩在3种以内比较容易搭配，超过3种就会显得杂乱无章。

2. 遵循"三一定律"

"三一定律"要求男士使用的公文包、鞋子与腰带保持同种颜色。黑色一般为首选，既适合各种衣物和场合，还能很好地表现职业男士的气质。

3. 同类型图案不相配

格子衬衫不要配格子西装、格子领带。一般暗格子的西装，配素色或条纹、花纹的衬衣和领带，格子的衬衣配斜纹的领带，直纹的衬衣配方格图案的领带，虽然都是直线条，但有纹路方向变化，不会显得单调呆板。暗格图案衬衣配花纹的领带。

4. 慎穿羊毛衫

商务男士在穿西装的时候，除了衬衫里面最好不要搭配其他衣服。在冬天，可选一件薄的V领单色羊毛衫或者羊绒衫，要既不花哨也不妨碍打领带。

知识储备八　女士套裙着装

套裙是西装套裙的简称。套裙上身为一件女士西装，下身是一条半截式裙子，套裙能显示出女性认真工作的态度与温婉的女性之美。因此，在所有适合商务女士在正式场合穿着的套装之中，套裙是首选。平时，商务女士所穿的套裙大致可分为两种。一种是女式西装上衣与一条裙子进行自由组合，可称为"随意型"；另外一种是女式西装上衣和与之同时穿着的裙子成套设计、制作，称为"成套型"或者"标准型"。

一、套裙的选择

1. 面料与颜色

正式的西服套裙首先应注重面料，最佳面料是高品质的毛纺和亚麻，要注意保持平整、挺括、贴身，可用较少的饰物和花边进行点缀。女士选择套裙时应首选黑色、灰色、棕色、米色和宝蓝色等单一色彩，以体现着装者的典雅、端庄和稳重。

2. 款式

无论什么季节，正式的商务套装必须是长袖的。套裙的上衣最短可以齐腰，上衣袖要盖住手腕。衣袖过长则显得无神，过短则显得捉襟见肘，如果手腕完全暴露，则显得太过随便。

裙子要以窄裙为主，裙摆要到膝或者过膝，最长可到达小腿中部。如果裙摆在膝盖以上达到或超过10cm，说明裙子太窄或者太短。同时，商务女士切勿穿黑色皮裙。

3. 图案与点缀

选择套裙，讲究朴素而简洁。图案的选择也要兼顾这一点。套裙上不宜有过多点缀，否则会显得琐碎、杂乱，有失稳重。

二、套裙穿着一般要求

要想让套裙烘托出职业女性的庄重、优雅，穿着需要注意以下几点。

1. 穿着到位

在正式场合穿套裙时，上衣衣领要翻好，衣袋盖要拉出，盖住衣袋；不允许将上衣披在身上或者搭在身上；上衣扣要全部系上。不允许当着别人的面脱下上衣。裙子要端正，应对齐之处要对齐。在进入商务场合之前要检查套裙的纽扣是否系好、拉链是否拉好。

2. 协调装饰

高层次穿着打扮的服装、妆容与配饰风格是统一、相辅相成的。因此，在穿套裙时，必须有全局意识，将其与化妆、配饰一起加以考虑。

3. 兼顾举止

套裙最能体现女性的柔美曲线，这就要求女士举止优雅、注意个人仪态，如图1-14所示。穿着套裙首先要站得又稳又正，切忌双腿叉开、东倒西歪，或者靠墙而立。其次，在行进中，步子以轻稳为佳。

图1-14 女士套裙图

知识储备九 　女士衬衫

一、衬衫的选择

1. 面料

与职业套裙搭配的衬衫主要要求轻薄而柔软，因此以真丝、麻纱、府绸、罗布、花瑶和涤棉等材质为宜。

2. 颜色

女士衬衫的颜色要能彰显女性的雅致和端庄，主要以白色为主，可以有一些简单的线条、圆点等点缀。衬衣与套裙相互搭配，外深内浅，形成对比。与套裙搭配的衬衫款式要简洁、大方，不要有过多的花边和褶皱，如图1-15所示。

图1-15 女士衬衫

3. 穿着

衬衫的下摆要塞入裙腰之内或者打结在腰间，不得悬于外面。除最上端一颗纽扣按惯例允许不系外，其他纽扣应一一系好。专门搭配套裙的衬衫，尤其是紧身而透明的衬衫，不宜在公共场合直接外穿。

 技能训练　服装的搭配

1. 准备工作（表1-14）

表1-14　服装搭配准备工作

场地准备	工具准备	课堂布置	教师要求
5把椅子/组 2张桌子/组 1块黑板	2面化妆镜/组 1个化妆盒/组 1面试衣镜/组	5人/组，4组	着职业装 佩戴领带和胸针

2. 分组讨论

分组讨论汽车销售人员的服装搭配。

3. 内部交流

根据服装搭配标准，每组选定男女汽车销售模特各1名，为该模特设计合理的服装。

4. 展示评比

各个小组进行服装搭配展示，各小组组长打分，评出最佳设计小组，时间为10min。

5. 评价表（表1-15）

表1-15　服装搭配评价表

评价项目	服装合理（4分）	细节注意（3分）	表情得当（3分）	总分（10分）	
评价标准	符合汽车销售岗位要求	得体	模特展示表情得当	自评（　　）	互评（　　）
第　组					
点评记录	优点				
	缺点				

6. 自我总结

活动二 ≫　饰物搭配礼仪

饰物又称饰品，指与服饰搭配、对服装起装饰作用的其他物品。在全身穿戴中，饰物往往是体积最小，但却最有个性、最引人注目的物品。别致、新颖富有内涵的饰物往往能丰富服装的表达能力，提升服装的品质，也能体现佩戴者的审美与搭配水平。

知识储备一　饰物佩戴类型

饰物用在人体不同的部位，有特定的装饰和对整体的强调作用。饰物的用法总体上有两种类型。

1. 以服装为主，饰品为辅

这种搭配是"锦上添花"式，以服饰的款式、质地、图案和色彩为主体，配以相应的饰品，饰品的作用为辅助与配合。这种搭配方式中，不宜突出饰品，以免喧宾夺主，而应掌握宁缺毋滥、宁少勿多的基本原则。

2. 以饰品为主，服装为辅

这种搭配是"画龙点睛"式，以精美、内涵、别致、新颖的饰品为主体，服饰的色彩和款式力求简洁、单一，服饰起到基础和衬托的作用。这种搭配方式以胸部和腰部的饰品表现力最强烈，如胸饰、挂件、腰带、项链，而且应该以一件饰品为核心，不宜分散主体。大多数有穿搭经验的人士更乐于选择和运用这种搭配方式，以点带面，更能表达智慧、情趣鉴赏力与创造力。

知识储备二　饰物佩戴基本原则

1. 场合原则

一般来说，在较为隆重、正式的场合，应选用档次较高的饰品；在公共场合，佩戴的饰物不应过于鲜艳新潮，应精致而传统，以显示信誉。在商务场合，色彩鲜艳亮丽、造型新潮夸张的饰物容易让人产生不信任感，保守传统、做工精细的高档饰物会给人以稳重的印象。

2. 材质原则

汽车商务人士佩戴的首饰应尽量保持同一材质，如佩戴的项链是铂金的，那戒指也应是铂金的。商务人士在自身经济状况允许的范围内，选择质地上乘、做工精良、精致细巧的首饰，可增添气度、提升品位。切忌佩戴粗制滥造的假首饰及造型夸张、奇异的首饰。

3. 数量原则

汽车商务人士佩戴首饰应符合身份，数量以少为佳，一般全身不超过3种，每种不超过1件。有的女士一次佩戴太多首饰，项链、耳坠、戒指、手链甚至加上一枚胸针，整体看起来既显累赘，又缺乏品位，同时还会分散注意力。

4. 色彩原则

汽车商务人士佩戴首饰应力求同色，若佩戴两件以上的饰品，应色彩一致或者主色调一致，不宜色彩斑斓。例如，如果佩戴的眼镜、戒指为银色，则手表也尽量为银色，皮包的金属标志最好也为银色。

5. 性别原则

饰物对于男士而言，象征着权贵，要少而精，佩戴1枚戒指和1块手表即可；饰物对于女士则是点缀，是审美品位和生活质量的聚焦点。

6. 体型原则

脖子粗短者，不宜戴多串式项链，而应戴长项链；脖子较瘦细者，宜戴多串式项链，以使脖子显得短些。脸宽、脸圆和戴眼镜的女士不宜戴大耳环和圆形耳环。

7. 季节原则

首饰要与季节相搭配。例如，春、夏季可戴轻巧精致的，以配衣裙和缤纷的季节；秋、冬季可戴庄重典雅的，以衬毛绒衣物的温暖与精致。

8. 协调原则

饰品佩戴的关键是将其与整体服饰搭配统一，佩戴风格与服装的风格相协调。例如，衣领较低的袒肩服饰必须搭配项链，而竖领可以不戴项链。

知识储备三　具体饰物佩戴

饰物包括首饰、提包和配饰等，饰物的选择、佩戴不可随心所欲，以免弄巧成拙。汽车商务人士不可对饰物礼仪一无所知，要遵循规范。

1. 首饰

项链是女性较为青睐的饰物，商务男士应尽量不戴项链，若非戴不可，注意不要外露，以免被误以为暴发户。项链佩戴的位置抢眼，会把别人的目光吸引到颈部或者胸部，因此项链配搭要考虑脸型和颈部的特征。如长脸宜配短粗的项链，圆脸宜选择链接式项链；颈部长的人可选择短粗的项链，颈部短的人可选择细而长的项链。同时，项链的佩戴应和年龄、服饰相匹配，如图1-16所示。

耳饰（图1-17）有耳环、耳链、耳钉和耳坠等，一般女性使用。耳饰应成对使用，切勿在工作场合只在一只耳朵上戴耳环，或者戴多个耳环。

图1-16　女士项链图

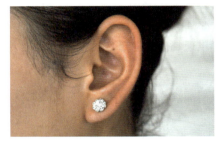

图1-17　女士耳饰

手镯、手链主要用来突显手腕和手臂的美丽，一般只有一只手戴，通常戴在左手。若是同时戴两只手镯，必须成对。手链的佩戴同样，宜单不宜双，应佩戴在左手。手镯、手链不能同时佩戴，同时二者不能与手表搭配，如图1-18所示。

戒指一般佩戴在左手，而且最好只戴1枚，多戴则有炫富之嫌。戒指的佩戴往往暗示婚姻和择偶状况，作为商务人士需要了解不同戴法的含义。戒指戴在食指，表示无偶或者求婚；戒指戴在中指，表示已有意中人，正在恋爱中；戒指戴在无名指，表示已经订婚或者结婚；戒指戴在小指，则暗示自己是一位独身主义者。

图1-18　女士手链

脚链可以引起别人对佩戴者腿部和步态的注意，多受到青年女性的青睐，一般只戴1条。脚链一般适用于非正式场合。

2. 提包

公文包是商务男士的首选，宜选择黑色、棕色的公文包，公文包外表除商标之外不宜带有任何图案、文字，否则有失身份。最标准的公文包是手提式长方形公文包，如图1-19所示。

图1-19　提包

手提包一般为女士使用，宜选择方形或者长形、款式大方简洁、质量上乘、做工精致的手提包，不宜选用体积过于庞大或者装饰图案过于花哨的手提包。女性手提包的选择范围较大，与服饰搭配有以下3点要求：首先，手提包应与服饰呈对比色，这样比较醒目；其次，若服装为多色彩，手提包可与服饰主色调相同；最后，手提包可与服饰中某一服饰同色，做到上下呼应，增强整体协调性。

3. 配饰

眼镜对于商务人员来说除保护视力，还能显得儒雅、文静，提高自身权威感。商务场合，要避免眼镜镜框造型怪异，镜框颜色要与手表、首饰颜色相协调。

墨镜也称作太阳镜，商务人员在选择墨镜的时候应注意：在室内参加活动与人交谈时不应戴墨镜，在室外参加重要活动时不能戴墨镜，若有眼疾，不得不戴墨镜时需向对方表达歉意。

胸针通常为女性饰品，应戴在左侧第一、第二颗纽扣之间的平行位置上。

领针用来别在西式上装左侧衣领上，男女都可用，戴1只即可，且不要与胸针、纪念章、奖章和企业徽章等同时使用。正式场合不要佩戴有广告作用的领针，领针的位置要恰当。

佩戴手表意味着时间观念强、作风严谨。在正式场合，手表除了实用，还体现身份、地位。正式场合所佩戴的手表，造型应当庄重、保守，除了数字、商标、厂名和品牌外，手表上最好不要出现其他的图案。需要注意的是，女性在穿华丽的晚宴装时，最好不要佩戴手表。

技能训练　饰物的搭配

1. 准备工作（表1-16）

表1-16　饰物搭配准备工作

场地准备	工具准备	课堂布置	教师要求
5把椅子/组 2张桌子/组	2面化妆镜/组 1个化妆盒/组	5人/组，4组	着职业装

2. 分组讨论

分组讨论汽车销售人员在不同的场合如何进行饰物搭配，更能体现汽车销售人员的职业特色和气质，见表1-17。

表1-17　男女穿着、饰物搭配

男士穿着搭配	
男士饰物搭配	
女士穿着搭配	
女士饰物搭配	

3. 内部交流

每个小组根据汽车商务人员不同的工作场合，设定岗位，进行饰物的搭配。

4. 展示评比

小组对本组的模特进行饰物的必要搭配，最后模特进行展示，各小组组长对各组的模特进行打分，时间为10min。

5. 评价表（表1-18）

表1-18　饰物搭配评价表

评价项目	表情流露 （2分）	饰物搭配 （4分）	细节注意 （2分）	情景展示 （2分）	总分 （10分）	
评价标准	表情大方自然	搭配合理得当	注意手部和脚部 等细节符合要求	符合 岗位要求	自评（　　）	互评（　　）
第　　组						
点评记录	优点					
	缺点					

6. 自我总结

_____

_____

_____

【思维拓展】　扫描二维码收听故事，回答问题。

_____

_____

_____

_____

_____

学习领域二
汽车商务仪态礼仪

　　仪态是指人在各种行为中所体现出来的表情和风度，即通常所说的体态语。优雅的举止、洒脱的风度常常被人羡慕和称赞，最能给人留下深刻的印象，通过仪态可以透视出一个人的精神状态、心理活动、文化修养以及审美情趣。在服务过程中，汽车商务人员通过表情、姿态等向客户传递的信息内容远超过了用语言表达的内容。仪态作为一种无声的语言，在汽车商务活动中被广泛运用。良好的仪态不仅能给客户带来舒适的心理感受，还会反映出汽车服务人员的内涵和汽车运营商的服务水平。

　　反之，一些不良的行为习惯则会令服务大打折扣。因此，一名专业的汽车商务从业人员必须注重细节，不断养成良好的行为习惯，克服不良的行为举止，才能更好地为客户服务。

学习情景一　汽车商务常规仪态礼仪

学习目标

知识目标：通过学习，学生能够准确把握常规礼仪的要素。

能力目标：通过模拟训练，学生能够将常规礼仪融入日常工作中。

情感目标：通过常规礼仪提升在汽车商务活动中的工作质量，进而提升自身的综合素养。

情景导入

今年，L市奥迪4S店入职一批新员工，这些员工的职位是销售顾问助理，培养方向是销售顾问，而这批员工大都没有这方面的经验。你作为本店的培训负责人，即将对这批新员工在汽车商务中的仪态进行培训。汽车商务中的仪态礼仪是怎样的呢？

活动一 ≫　站姿礼仪

站姿是人的静态造型动作，是训练其他优美体态的基础，是表现不同姿态美的起点。优美的姿态能显示个人自信，并给他人留下美好的印象。常言道"站如松"，也就是说站立应该像松树一样挺拔。

知识储备一　站姿基本要求

站姿的基本要求（表2-1）是挺直、舒展，站得直，立得正，线条优美，精神焕发，如图2-1所示。

图2-1　标准站姿

表2-1　站姿的基本要求

头　正	头要正，头顶要平，两眼平视前方，嘴微闭，收颌梗颈，表情自然、稍带微笑
肩　平	两肩平正，微微放松，稍向后下沉
臂　垂	两肩平整，两臂自然下垂，中指对准裤缝
躯　挺	胸部挺起，腹部微收，腰部正直，臀部向上向内提
腿　并	两腿直立、贴紧，脚跟靠拢，两脚夹角呈60°。但这不同于军人的立正，应多一些自然和柔美
重心稳	人体重心落于双脚间，以防止身体东倒西歪，更不可倚靠墙壁，无精打采

知识储备二　男士站姿

　　男士站立时，双脚可分开与肩同宽，双手可在腹部交叉搭放，也可在后腰处交叉搭放，如图2-2所示，还可一只手自然下垂。

图2-2　男士站姿

知识储备三　女士站姿

　　女士站立时，要兼顾女性的柔美。女性在站立时，身体微侧，呈自然45°，斜对前方，面部朝向正前方，如图2-3所示。脚步呈丁字步，即右（左）脚位于左（右）脚的中后部，两脚尖距离约为一拳，右手搭在左手上，左手手心握住右手大拇指，这样的姿态看上去身材修长、苗条，也能体现女性的柔美，如图2-4所示。

图2-3　女士站姿　　　　　　　　　　图2-4　女士站姿脚型

技能训练　站姿礼仪

1. 准备工作（表2-2）

表2-2　站姿礼仪准备工作

场 地 准 备	工 具 准 备	课 堂 布 置	教 师 要 求
5把椅子/组 2张桌子/组	2面化妆镜/组 1个化妆盒/组 1面试衣镜/组	5人/组，4组	着职业装

2. 分组讨论

结合汽车4S店相关职位的要求，讨论汽车商务人员的站姿要求。

男士站姿要求见表2-3。

表2-3　男士站姿要求

迎宾人员	
销售顾问	

女士站姿要求见表2-4。

表2-4　女士站姿要求

迎宾人员	
销售顾问	

3. 内部交流

小组内部根据标准站姿要求相互指导，并结合汽车4S店相关职位的工作环境与要求，进行相关的站姿模拟。在模拟过程中重点掌握不同站姿的要点（主要是手势和脚型），小组内每位同学选取不同标准站姿，上台进行表演。

4. 展示评比

其他小组对本小组内成员的不同站姿进行打分评价，并指出本组的扣分点，最后选出本节课的标兵小组，时间为5min。

5. 评价表（表2-5）

表2-5　站姿礼仪评价表

评价项目	情景展示 （2分）	动作标准 （4分）	体态自然 （2分）	表情到位 （2分）	总分 （10分）	
评价标准	符合 岗位需求	动作到位	身体配合 自然大方	表情自然	自评（　　）	互评（　　）
第　　组						
点评记录	优点					
	缺点					

6. 自我总结

_____

_____

_____

活动二 》》 坐姿礼仪

坐姿是非常重要的仪态，在日常生活和商务活动中离不开这种举止。符合规范的坐姿能向人们传递自信、积极、热情、尊重他人的信息和良好的职业风范。得体的坐姿可以塑造良好的个人形象，而错误的坐姿往往会给人一种粗俗、没有教养的印象。所以，商务人员应注意坐姿培养，养成良好的习惯。

知识储备一 坐姿基本原则

1）入座轻盈平稳，上体自然挺直，挺胸，双腿自然并拢。

2）头正，嘴角微闭，下颌微收，双目平视，面容自然平和。

3）双肩平整放松，双臂自然弯曲，双手自然放在椅子或者双腿上，掌心向下。

4）坐满椅子的2/3，脊背轻靠椅背，离开座位时自然稳当。

5）女士就座时，双腿并拢，以斜放一侧为宜，双脚可稍有前后之差。男士则可双脚平踏，双膝可略微分开，如图2-5所示。

图2-5　标准坐姿

知识储备二 男性六种坐姿

1. 标准式坐姿

标准式坐姿是上身正直上挺，双肩正平，两手放在两腿或者扶手上，双膝并拢，小腿垂直落于地面，两脚自然分开呈45°，如图2-6所示。

2. 前交叉式坐姿

前交叉式坐姿是小腿前伸，两脚踝部交叉，如图2-7所示。

3. 重叠式坐姿

重叠式坐姿是右腿在左腿膝上部，右小腿内收、贴向左腿，脚尖自然地向下垂，如图2-8

所示。

4. 斜身交叉式坐姿

斜身交叉式坐姿是两小腿交叉向左斜出，上体向右倾斜，右肘放在扶手上，左手扶把手，如图2-9所示。

图2-6　男士标准式坐姿

图2-7　男士前交叉式坐姿

图2-8　男士重叠式坐姿

图2-9　男士斜身交叉式坐姿

5. 前伸式坐姿

前伸式坐姿是在标准式坐姿的基础上，两小腿前伸一脚的长度，左脚向前半脚，脚不要翘起。

6. 曲直式坐姿

曲直式坐姿是左小腿回屈，前脚掌着地，右脚前伸，双膝并拢。

知识储备三　**女性七种坐姿**

1. 标准式坐姿

标准式坐姿是上身挺直，双肩平正，两臂自然弯曲，两手交叉叠放在双腿中部，并靠近小腹。双膝并拢，大腿与上身呈直角，小腿垂直于地面，两脚保持小丁字步，如图2-10所示。

2. 曲直式坐姿

曲直式坐姿是右脚前伸，左小腿屈回，大腿靠紧，两脚前脚掌着地，双脚在一条直线上，如图2-11所示。

图2-10　女士标准式坐姿

图2-11　女士曲直式坐姿

3．前伸式坐姿

前伸式坐姿是在标准坐姿的基础上，两小腿向前伸出一脚的距离，脚尖不要翘起。

4．前交叉式坐姿

前交叉式坐姿是在前伸式姿势的基础上，右脚后缩，与左脚交叉，两踝关节重叠，两脚尖着地。

5．双腿叠放式坐姿

双腿叠放式坐姿是双腿一上一下交叠在一起，交叠后两腿之间不留缝隙，犹如一条直线。双脚斜放在一侧，斜放后腿部与地面呈45°，叠放在上的脚尖垂直向地面。这种坐姿一般适合穿短裙的女士，如图2-12所示。

6．双脚内收式坐姿

双脚内收式坐姿是两大腿并拢，双膝略微打开，两小腿在略微分开后内侧屈回，双脚脚掌着地。

7．双腿斜放式坐姿

双腿斜放式坐姿是双腿并拢，双脚向左或者向右斜放，斜放后腿部与地面呈45°，如图2-13所示。这种坐姿一般适合穿短裙的女士。

图2-12　女士双腿叠放式坐姿

图2-13　女士双腿斜放式坐姿

技能训练 **坐姿礼仪**

1. 准备工作（表2-6）

表2-6　坐姿礼仪准备工作

场 地 准 备	工 具 准 备	课 堂 布 置	教 师 要 求
5把椅子/组 2张桌子/组	2面化妆镜/组 1个化妆盒/组 1面试衣镜/组	5人/组，4组	着职业装

2. 分组讨论

按照工作准备的要求，把本班同学进行分组，分别讨论汽车商务人员在各种场合适合的坐姿，并掌握各种坐姿的要点。本组的小组记录员对本小组讨论的结果进行汇总和记录，最终形成书面报告，见表2-7。

表2-7　男女坐姿礼仪

汽车服务顾问	男	
	女	
汽车销售顾问	男	
	女	
其　　他		

3. 内部交流

小组内根据各组的讨论情况，对各种场合下的坐姿进行模拟演示。同时，组员间按相应的要求互相进行对照，找出容易出现问题的环节，进行相应的改正，做出最标准、最优美、最符合职业要求的姿势。

4. 展示评比

小组内根据情况选出本组两名同学，一名同学对正确的坐姿进行演示，另一名同学对错误的坐姿进行演示，其他小组的同学进行观摩，各小组组长对应评价标准对正确的坐姿进行评分，时间为10min。

5. 评价表（表2-8）

表2-8　坐姿礼仪评价表

评 价 项 目	表情流露 （2分）	动作恰当 （4分）	细节注意 （2分）	情景展示 （2分）	总分 （10分）	
评 价 标 准	表情大方自然	动作准确	注意手部和脚部等细节符合要求	符合岗位要求	自评（　　）	互评（　　）
第　　组						
点 评 记 录	优点					
	缺点					

6. 自我总结

活动三 ≫ 行姿礼仪

　　行姿所呈现的是人体的一种动态，是站姿的延续。行走是人的基本动作，也最能体现一个人的精神风貌。行姿可以展现一个人的内心境界和文化素养的高低，能够展现一个人的风度与风采。

　　汽车商务绝大部分工作是在站立和行走中进行的，这就要求行走姿态正确和规范。汽车商务人员应该做到：上身挺直，头正目平；收腹立腰，摆臂自然；步态优美，步伐稳健；动作协调，走成直线。也就是说，在行走过程中，应该上身挺直，头部端正，下颌微收，两肩齐平，挺胸、收腹、立腰，双目平视前方，精神饱满，表情自然。左脚起步时身体向前方微倾，走路要用腰力，身体重心要有意识地落在前脚掌上。行进时步伐要直，两脚应有节奏地交替踏在虚拟的直线上，脚尖可以微微分开。左脚向前迈时，微向前送左胯，右脚向前迈时，向右前送胯，但送胯不能太明显。双肩平稳，以肩关节为轴，两臂自然协调摆动，手臂与身体的夹角一般为10°～15°，摆幅以30°～35°为宜。

知识储备一　行姿步幅

　　行姿步幅大小往往与人的身高成正比，身高腿长者步幅较大，身矮腿短者步幅较小，一般步幅与人的一只脚长度相近。通常情况下，男性步幅约为25cm，如图2-14所示，女性步幅约为20cm，如图2-15所示。

图2-14　男士行姿步幅

图2-15　女士行姿步幅

知识储备二　行姿步位

　　步位即脚在行走过程中落地的位置，走路时最好的步位是两只脚踩同一条直线，而不是两条平行线。

知识储备三　行姿步速

　　行走的速度往往取决于人们的兴奋程度，兴奋程度越高，步速越快，兴奋程度越低，步速越迟缓。在正常情况下，行姿步速应自然舒缓，均匀平稳，显得成熟、自信。一般来说，男性步伐矫健稳重、刚毅洒脱，具有阳刚之美，步伐每分钟约为100步；女性步伐轻盈舒缓、玲珑贤淑，具有阴柔之美，步伐每分钟约为90步，如果着裙装或者旗袍，步速稍快，可达每分钟110步左右。脚步要利索、有节奏，忌拖泥带水，也不可重如马蹄。

知识储备四　变向行姿

在行走过程中，需要转身改变行进方向时，应采用合理的方法体现出规范和优美的步态。

1. 后退步

后退步行姿是与人告别时，应当先退两三步，再转身离去，退步时脚轻擦地面，步伐要轻，步幅要小，先转身后转头。

2. 引导步

引导步行姿是用来给客户带路时使用的，引导时尽可能走在左侧前方，整个身体半转向客户方向，保持两步距离，遇到上下楼梯、拐弯、进门时，伸出左手示意，并提示客人上楼或者进门等。

3. 前行转身步

前行转身步行姿是需要转弯时，要在距所转方向远侧一脚落地后，立刻以该脚为轴，转过全身，然后迈出另外一只脚。向左转时，右脚在前时转身，如图2-16所示；向右转时，左脚在前时转身。

左转弯时的中枢脚

图2-16　前行转身步

技能训练　行姿礼仪

1. 准备工作（表2-9）

表2-9　行姿礼仪准备工作

场 地 准 备	工 具 准 备	课 堂 布 置	教 师 要 求
5把椅子/组 2张桌子/组	2面化妆镜/组 1个化妆盒/组 1面试衣镜/组	5人/组，4组	着职业装

2. 分组讨论

分组讨论职业行姿的要求，结合汽车商务人员的工作讨论经常用到的走姿，汇总到表2-10中。

表2-10　职业行姿要求

	步　速	步　幅	步　位
男士			
女士			

3. 内部交流

根据行姿标准，小组内部相互指导，结合汽车商务工作情景对标准行姿进行模拟。

4. 展示评比

每组推选两名同学模拟相关场景对标准行姿进行展示，各小组组长进行打分，时间为10min。

5. 评价表（表2-11）

表2-11 行姿礼仪评价表

评价项目	表情流露 （2分）	动作恰当 （4分）	细节注意 （2分）	情景展示 （2分）	总分 （10分）	
评价标准	表情大方自然	动作准确	注意手部和脚部 等细节符合要求	符合 岗位要求	自评（ ）	互评（ ）
第　　组						
点评记录	优点					
	缺点					

6. 自我总结

_____

_____

_____

活动四 >>　蹲姿礼仪

蹲姿不像站姿、坐姿、行姿使用那么频繁，因而往往被人忽视。在公众场合，人们俯身从低处拾取物品的时候会弯腰曲背、低头撅臀，或者双腿敞开，平衡下蹲，显得非常不雅观，更不礼貌。作为一名汽车商务人员，应当举止文明，展现良好的修养，以礼待人。

知识储备一　高低式蹲姿

高低式蹲姿是下蹲时，左脚在前、右脚靠后，左脚全脚掌着地，右脚跟提起，右膝低于左膝，右腿左侧靠于左小腿内侧，形成左膝盖高右膝盖低的姿势，臀部向下，上身微微前倾，基本上用左腿支撑身体，如图2-17所示。女性应该并紧双腿（图2-18），男士可适度分开。如果是左侧身体捡东西，则姿势相反。

图2-17　男士高低式蹲姿

图2-18　女士高低式蹲姿

知识储备二　交叉式蹲姿

交叉式蹲姿主要适用于女性，尤其适合穿短裙的女士。下蹲时，左脚在前、右脚在后，左小腿垂直于地面，全脚掌着地，左腿在上、右腿在下交叉重叠，右脚跟抬起、脚尖着地，两腿前后靠紧，合力支撑身体，上身微微前倾，臀部向下，如图2-19所示。

图2-19　交叉式蹲姿

知识储备三　半蹲式蹲姿

半蹲式蹲姿是在行进中临时采用的。下蹲时，上身稍许下弯，但不宜与下肢构成直角或者锐角，臀部务必向下，双膝微微弯曲，其角度根据需要有所变化，但是一般为钝角，身体重心集中在一条腿上，双腿不宜过度分开，如图2-20所示。

图2-20　半蹲式蹲姿

知识储备四　半跪式蹲姿

半跪式蹲姿适用于下蹲时间较长的下蹲。下蹲后，改用一腿单膝点地，以其脚尖着地，令臀部坐在脚跟上。另外一条腿全脚着地，小腿垂直于地面，双膝同时向外，双腿尽量靠拢，如图2-21所示。

图2-21 半跪式蹲姿

技能训练　蹲姿礼仪

1. 准备工作（表2-12）

表2-12　蹲姿礼仪准备工作

场 地 准 备	工 具 准 备	课 堂 布 置	教 师 要 求
5把椅子/组 2张桌子/组	2面化妆镜/组 1个化妆盒/组 1面试衣镜/组	5人/组，4组	着职业装

2. 分组讨论

各小组分别讲述对男士和女士蹲姿的基本要求，小组记录员对本组同学发表的意见和观点进行记录，汇总到表2-13中。

表2-13　男女蹲姿要求

	行进过程中	车辆介绍过程中
男士		
女士		

3. 内部交流

讨论不同情况下应选用的恰当的蹲姿，掌握各种蹲姿的动作要点，小组成员相互指导，做出优美大方的蹲姿。

4. 展示评比

小组内部推选两名同学进行标准蹲姿展示，各小组组长进行打分，时间为10min。

5. 评价表（表2-14）

表2-14　蹲姿礼仪评价表

评价项目	动作恰当 （4分）	细节注意 （3分）	情景展示 （3分）	总分 （10分）	
评价标准	大方，恰当	得体	符合岗位要求	自评（　　）	互评（　　）
第　　组					
点评记录	优点				
	缺点				

6. 自我总结

_____

_____

_____

 # 学习情景二　汽车商务神态及手势礼仪

学习目标

知识目标：通过学习，学生能够熟练掌握汽车商务人员基本的表情及手势要求。

能力目标：通过模拟训练，学生能够根据自身工作环境熟练运用商务表情及专业手势。

情感目标：通过提升培养，学生能够在复杂的工作环境中时刻体现汽车商务人员应有的专业、自然与稳重。

情景导入

小孙是H市某大学大四学生，经学校介绍到H市某奥迪4S店进行销售顾问助理职位的实习。作为受过高等教育的大学生，小孙一直雄心勃勃，每天西装革履积极到店工作，可是工作一段时间后的小孙感到非常苦恼：自己一表人才、衣装得体，可是为什么留不住客户呢？一天，销售经理不经意间的微笑令他恍然大悟，那么小孙明白了什么呢？

活动一 >> 神态礼仪

汽车商务人员的表情运用要自然、亲切、和蔼、友善。在丰富的表情之中，眼神和微笑的运用最具礼仪功能。

知识储备一　注视时间

在日常交往中眼神具有很强的表达作用，就如同著名心理学家弗洛伊德说过的："即使你不说话，你的眼睛也会多嘴多舌。"在商务交往过程中，眼神应友善、自然、自信。

为了使客户感到舒适，汽车商务人员在与客户交谈时要控制好与客户目光接触的时间。若向客户表示友好，则注视客户的时间应控制在全部谈话时间的1/3左右；若注视时间不到1/3，容易使客户误解为瞧不起对方或对客户不感兴趣。若为了向客户表示关注或感兴趣，则注视时间应控制在全部谈话时间的2/3左右；若注视时间超过2/3，容易使客户误解为怀有敌意或寻衅滋事。

知识储备二　注视区域

汽车商务人员在与客户交谈过程中，目光注视客户身体的部位要根据不同场合有所调整，具体见表2-15。

表2-15　不同场合对注视区域的不同要求

一般场合	应注视的区域为上至客户额头、下至客户衬衣的第二颗纽扣、两肩为左右界限的矩形框
公务场合	采用一种凝视行为，将目光集中在客户的双眼与额头之间，这种注视方式容易使客户感到真诚、认真
社交场合	注视区域控制在对方的双眼到唇心之间，包括双眉、双眼、鼻子及嘴唇，但切记不要直视对方瞳孔

知识储备三　注视小贴士

1）与人对面而行时，可在2.5m外仔细端详对方；当距离过近时，为表示尊重他人，目光要旁移。

2）在倾听他人讲话时，为表示礼貌及尊敬，眼睛要注视对方；自己讲话时同样要与对方有眼神的交流。

3）在与多人交流时，目光要关照在座的每个人，眼光的环视可以使倾听者感到受重视。

4）为表示尊重，在有人离开时，应目送至看不到人影；但若只是暂时离开，则关注一瞬间即可。

知识储备四　微笑的重要性

微笑是世界上通用的沟通手段，它是一门学问，更是一门艺术。它体现出的是愉快、乐观、向上的情绪，它可以较快地消除彼此间的陌生感，打破交际障碍，使交流氛围友好愉快。微笑的力量如此强大，汽车商务人员在工作中不要吝啬自己的微笑。

1. 微笑展现个人素养

微笑是礼貌的表现，是自信的象征。汽车商务人员应该让微笑之花常开脸上，将微笑当作慷慨、温和的礼物奉献给客户，使客户感到享受与愉悦，向客户展现自己的素质与修养。

2. 微笑点亮社交绿灯

微笑可以作为主动交往的敲门砖，消除对方的心理防线，使对方对自己产生信任与好感，随之进入愉快的交往状态。微笑以真诚、宽容、信任、礼貌、友好的姿态点亮社交的绿灯。

3. 微笑是成功的基石

微笑是看不见的金钱资本，是生意兴隆的法宝。

知识储备五　微笑基本要求

微笑作为汽车商务人员社交的一大"利器"，应是发自内心的笑，同时应符合礼仪规范。其基本要求如下。

1. 微笑要真诚

微笑时要亲切、诚恳、自然，发自内心，切忌强颜欢笑。发自内心的微笑应是口到、眼到、心到、意到、神到、情到，使真诚的微笑温暖人心，消除冷漠，获得客户的理解。

2. 微笑要适度

微笑的基本特征是不出声、不露齿、嘴角两端略提起，既不故意掩盖笑意也不放声大笑。笑得文雅得体、笑得适度才是真正的微笑美，才能向客户充分表达友善与真诚。

3. 微笑要适宜

发挥微笑功能的关键是要注意微笑的场合和对象，笑于当笑之时，收放自如。与客户见面首先露出笑容，有助于消除隔阂，拉近与客户的距离，提前渲染交谈氛围，如图2-22所示。

图2-22 微笑

 技能训练 神态礼仪

1. 准备工作（表2-16）

表2-16 神态礼仪训练准备工作

场 地 准 备	工 具 准 备	课 堂 布 置	教 师 要 求
对应数量的桌椅黑板	书本若干 1面穿衣镜 一次性筷子若干	分组坐，方便练习	着职业正装

2. 分组讨论

分组讨论眼神与微笑的要求，汇总到表2-17中。

表2-17 眼神与微笑的要求

眼　　神	
微　　笑	

3. 内部交流

根据眼神与微笑的要求及训练方法，依次站到穿衣镜前练习微笑及注视，小组内部面对面练习微笑及注视并相互指导。

4. 展示评比

小组内部推选两名同学进行展示，各小组组长进行打分，时间为10min。

5. 评价表（表2-18）

表2-18 神态礼仪评价表

评价项目	表情流露 （2分）	动作恰当 （4分）	细节注意 （2分）	情景展示 （2分）	总分 （10分）	
评价标准	表情大方自然	动作准确	嘴型、牙齿及眼睛符合要求	符合岗位要求	自评（　）	互评（　）
第　　组						
点评记录	优点					
	缺点					

6. 自我总结

活动二 》 手势礼仪

手势作为肢体语言的一种，能很直观地表达情绪和态度，对话语表达也有一定的辅助作用。在商务活动中恰当地使用手势有助于增强表达效果，并能给人以肯定、明确的印象，增强感染力。

知识储备一 垂放手势

垂放手势是双手自然下垂，掌心向内，叠放或者相握于腹前，或者双手伸直下垂，掌心向内，分别贴放于大腿外侧，如图2-23所示。

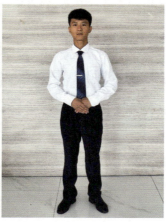

图2-23 垂放手势

知识储备二 鼓掌手势

鼓掌是表示欢迎、祝贺、支持的一种手势。鼓掌时，右手掌心向下，有节奏地拍击掌心向上的左掌，如图2-24所示。鼓掌根据鼓掌情况的不同，可以分为3种程度的鼓掌：

第1种是应酬式的，动作不大，声音也比较轻，时间不长，主要是一种礼貌性的表示。

第2种是比较激动的，发自内心的，一般动作幅度比较大，声音也很响亮，掌声热烈。

第3种是比较狂热的，表现出心情难以抑制。

作为一名汽车商务人员，首先，鼓掌时应把握时机，该鼓掌的时候鼓掌，不该鼓掌的时候一定不能鼓掌；其次，鼓掌时应尽量避免语言的配合；最后，在鼓掌时不要戴手套。

图2-24 鼓掌手势

知识储备三　夸奖手势

夸奖手势主要用于表扬他人，通常是伸出右手，竖起拇指，指尖向上，指腹面向被夸奖的人。如果右手拇指竖起来反向指向别人，就意味着自大或者蔑视；若将拇指指向自己鼻尖，就意味着自高自大、不可一世。

知识储备四　指示手势

指示手势是用来引导宾客、指示方向的手势。通常的做法是以右手或者左手抬高至一定高度，五指并拢，掌心向上，以肘部为轴，向指定方向伸出手臂。

1. 横摆式手势

横摆式手势是将五指伸直并拢，手心不要凹陷，手与地面呈45°，手心朝向斜上方。腕关节微屈，且要低于肘关节。动作时，手从腹前抬起，至横膈膜处，然后，以肘关节为轴向右摆动，到身体右侧稍前的地方停住。同时，双脚形成右丁字步，左手下垂，目视宾客，面带微笑。横摆式手势是在门的入口处常用的谦让礼姿势（请、请进），如图2-25所示。"请"的手势是销售工作中经常用到的。

图2-25　横摆式手势

2. 曲臂式手势

曲臂式手势是当一只手拿着东西，或者扶着电梯门或房门，同时要做出"请"的手势时宜采用的手势。以左手为例：五指伸直并拢，从身体的侧前方向上抬起，至上臂离开身体的高度，然后以肘关节为轴，手臂由体侧向体前摆动，摆到手与身体相距20cm处停止，面向左侧，目视来宾，如图2-26所示。

3. 直臂式手势

直臂式手势是需要给宾客指方向时或做"请往前走"手势时采用的手势。其动作要领如下：将右手由前侧抬到与肩同高的位置，前臂伸直，用手指向宾客要去的方向，如图2-27所示。需注意的是，指引方向不可用一根手指指出，因为这样显得不礼貌。

4. 斜下式手势

斜下式手势是请宾客入座时，手指向斜下方的手势。首先用双手将椅子向后拉开，然后一只手屈臂由前抬起，再以肘关节为轴，前臂由上向下摆动，使手臂向下成一斜线，并微笑点头示意宾客，如图2-28所示。

图2-26　曲臂式手势

图2-27　直臂式手势

图2-28　斜下式手势

知识储备五　举手手势

在很多场合，例如一些会议上，销售人员需要做出举手的手势。举手表示招呼或者赞同。举手就是手臂轻缓地由下而上，向侧上方伸出，手臂可全部伸直，也可稍有弯曲。注意致意时要伸开手掌，掌心向外对着对方，指尖指向上方，手臂不要左右来回摆动，如图2-29所示。

知识储备六　告别手势

汽车商务人员在与客户告别的时候需要做出挥手道别的手势。这个手势要求身体站直，不要摇晃和走动；手臂向上前伸，不要伸得太低或过分弯曲；掌心向外，指尖朝上，单手臂时向左右挥动，用双手道别时两手同时由外侧向内侧挥动，不要上下摇动或举而不动；目光正视对方，不要东张西望或者目光游移，如图2-30所示。

图2-29　举手手势

图2-30　告别手势

知识储备七　手势禁忌

不同的手势表达不同的含义。那么，在运用手势的时候要注意什么呢?

1. 手势宜少不宜多

多余的手势会给人装腔作势、缺乏涵养的感觉。手势不应过于重复单调，反复做一种手势会让人感觉修为不够。与别人交谈时不断做手势、胡乱做手势，会影响别人对自己谈话的理解，应该约束自己，讲话时注意手势运用。

2. 交际活动中手势禁忌

在交际活动时，有些手势会让人反感，严重影响形象，例如当众搔头皮、掏耳朵、抠鼻孔、咬指甲、手指在桌子上乱写乱画等。

3. 在做手势的时候，应该注意力度大小、速度快慢、时间长短等

禁止在别人鼓掌时表示不满、喝倒彩。在任何情况、任何场合、任何人面前都不要用拇指指向自己的鼻尖，更禁止用手比画对方。

技能训练　手势礼仪

1. 准备工作（表2-19）

表2-19　手势礼仪训练准备工作

场地准备	工具准备	课堂布置	教师要求
对应数量的桌椅	1面穿衣镜	分组练习	着职业装

2. 分组演练

根据设定的场景分组演练各种手势。

您好，欢迎光临!（在门口行鞠躬礼、基本站姿微笑目视来宾）

请。（引导手势——中位手势横摆式——小请）

请坐。（低位手势斜下式指向座位——中请）

右边第2个门。（直臂式指向来宾所去地点——大请）

大家请。（双臂横摆——多请）

3. 各小组推选出两名同学进行标准演示，老师进行总结，时间为5min。

4. 评价表（表2-20）

表2-20　手势礼仪评价表

评价项目	情景展示（2分）	动作标准（4分）	体态自然（2分）	表情到位（2分）	总分（10分）	
评价标准	符合岗位要求	动作到位	身体配合自然大方	表情自然	自评（　　）	互评（　　）
第　　组						
点评记录	优点					
	缺点					

5. 自我总结

_____

_____

_____

【思维拓展】 扫描二维码收听故事，回答问题。

_____

_____

_____

_____

_____

学习领域三
汽车商务通联礼仪

人无礼则不生，事无礼则不成，国无礼则不守。

交际与交谈是汽车商务活动中最频繁、最重要的交往形式。言语交谈能够最有效地传递信息、沟通情感、达成协议、促进工作，是人类最重要的交际工具。不善于交际和言谈的人，很难在汽车商务活动中立足。因此，汽车商务人员一定要了解商务交际的举止规范，懂得通联的礼仪要求。如果仅凭高涨的热情和伶俐的口齿，而不懂得礼貌礼节，甚至没有教养和品位，那么无法获得商业的成功。要想成功地进行商务交谈与交际，唯有掌握了其中的礼仪细节，才能迅速让人产生好感，获得信任，达到预期的商务交际目的。

可见，掌握交谈的礼仪规范对汽车商务人员来讲有着十分重要的意义。

学习情景一 汽车商务基本语言礼仪

学习目标

知识目标：通过学习，学生能够准确把握汽车商务人员不同场合的交谈技巧。

能力目标：通过模拟训练，学生能够结合情景设定把握沟通、联系的技巧。

情感目标：学生能够通过自我审视提升自己的沟通技巧，进而提升自身的综合素养。

情景导入

小李入职某品牌汽车4S店已经有半年了，在最近举行的季度考核总结中，小李的销售业绩比起上季度没有任何起色，这令小李感到郁闷不已。据销售经理介绍，小李性格略显内向，不善于与人交流，所以比其他同事的业绩要差一些。作为专业人士的你该如何帮助小李呢？

活动一 》 语言艺术与礼貌用语

语言作为人类重要的交际工具，是人类特有的用来表达意思、交流思想的工具。在人际交往中，恰当地运用交谈礼仪将会形成良好的氛围，使个人形象锦上添花。在人际交往中，因为不注意交谈的礼仪规范，或者多说了一句话，或者错用了一个词，或者不注意词语的感情色彩，或者选错了话题等都会导致人际关系破裂或者交往失败。所以，在交谈中必须遵从一定的礼仪规范，才能达到双方交流信息、沟通思想的目的。

汽车商务人员与客户的交流是客户进行品牌体验的关键环节，也是消费者情感体验的一部分。客户需要深层次了解产品的情况作为决策依据，而汽车商务人员对产品的具体讲解和态度对客户的决策有很大的影响。汽车商务人员的言行举止将影响客户对企业和品牌的认知，是产品销售和品牌展示的关键。汽车商务人员不能只是枯燥地传达信息，没有任何特长的商务人员很难让客户对其产品产生兴趣，业绩也不会好。因此，汽车商务人员要提升自己的沟通能力，掌握沟通技巧，以便更好地和客户交流。

知识储备一 语言艺术基本要求

1. 准确流畅

在交谈时，如果词不达意，很容易被人误解，达不到交际的目的。因此，在表达思想感情的时候，首先应该做到吐字清晰、口音标准，说出的语句符合规范，避免使用似是而非的语言；其次语句停顿要准确，思路要清晰，谈话要缓急有度，从而使交流活动畅通无阻；最后应去掉口头语，以免语句被隔断，做到恰到好处，点到为止。

语言流畅还表现为能让人听懂，因此言谈时要尽量不用书面语或者专业术语，因为这样的谈吐容易让人感到拘谨或者理解困难。

2. 表达要委婉，手势要恰当

交谈是一种复杂的心理交往过程，人的自尊心和微妙的心理往往在其中起着重要的控制作用，触及它，就有可能产生不愉快。因此，对一些只可意会而不可言传的事情、可能引起对方不愉快的事情、人们回避忌讳的事情，不能直接陈述，只能用委婉、含蓄的方法表达。

因此，要避免使用主观臆断、口气强硬的词语，如"只有""唯一""一定"或者"就要"等，而应尽量采用与人商量的口气。学会先肯定后否定，先表扬后批评。

在与客户交谈时，汽车销售人员要做到表情自然、语言亲切、表达得体。此外，说话声音要平稳轻柔、速度适中和层次清晰；尽量用表示疑问和商讨的语气，维护客户的自尊心，营造良好的谈话氛围；适当地赞美客户，使客户有春风拂面的感觉，且动作幅度不要太大，谈话时切忌唾沫横飞。

3. 彬彬有礼，宽容大度

与他人交谈要注意把握好"度"，注意有放、有收。谈话是双方共同参与的事情，故不可唱"独角戏"，不给别人说话的机会。说话时，要"察言观色"，注意对方情绪，对方不爱听的话少讲，一时接受不了的话不要急于讲。讲话时开玩笑则要看对象、性格、心情和场合。一般来讲，不与性格内向、敏感的人开玩笑；不随便开女性、长辈、领导的玩笑；当对方情绪低落、不高兴时不开玩笑；不在严肃、正式的场合开玩笑；用餐时不开玩笑。

汽车销售人员参与谈话应先打招呼，如果别人正在单独谈话，不要凑前旁听。如果有事需要和某人说话，应等别人说完。如有第三者加入谈话，应该以握手、点头示意或者微笑等形式表示欢迎。谈话中，遇有急事需要离开时，应向谈话对象打招呼，表示歉意。在客户多的地方，不可以只和某人谈话，而冷落别人。

4. 幽默风趣，以情动人

交谈本身是寻求一致的过程，过程中往往会因为观点不一致而引发分歧和争论，这需要交谈者随机应变，机智避开障碍。

谦虚是一种礼貌。在与客户初次见面的时候，汽车销售人员自我介绍要适度，不可锋芒毕露，否则会给客户夸夸其谈、华而不实的感觉。幽默是一种素质，又是一种修养，是一门艺术，也是一门学问。汽车销售人员切忌使用生硬、冰冷的语言接待客户。在汽车销售过程中，不可忽视情感效应，因为它能起到不可估量的作用。

知识储备二　礼貌用语

礼貌用语是人们素质文明的标志。在我国，文明礼貌用语基本内容为10个字："请""谢谢""对不起""您好""再见"，在实际社会交往中则不仅仅局限于这些。

1. 问候语

人们在社会交际中，根据交际对象、时间等的不同，会采用不同的问候语。在我国，见面通常的问候语是"您好""您早"。在欧美国家，根据见面的时间、次数、场合不同问候语有所区别。第一次见面，可以说"How do you do"；第二次见面，可以说"How are you"；早上见面说"Good morning"，中午见面说"Good noon"等。在非正式的场合，常用"Hi""Hello"等表示问候。

2. 欢迎语

双方在问候之后一般会向对方表示欢迎。世界各地欢迎语大致相同，如"欢迎"（Welcome）"见到您很高兴"（Nice to meet you）等。

3. 回敬语

在人们接受对方的鼓励、祝贺或者问候、欢迎之后，应使用回敬语表示感谢。回敬语使用频率较高，使用范围较广。在我国使用频率较高的回敬语是"谢谢""非常感谢""多谢""麻烦您了""让您费心了"等。

4. 致歉语

真诚的道歉不仅仅能使交际双方彼此谅解、信任，而且有时还能化干戈为玉帛。同时，道歉要讲究艺术，有些人放不下架子或者碍于面子不愿直接道歉，可以使用较为委婉的说法。一般的道歉语有"抱歉""对不起""真抱歉，让您久等了""请原谅""打扰您了，先生"。

5. 祝贺语

祝贺语能够帮助人们在人际交往过程中建立友好的人际关系。通常在对方过生日、晋升、加薪、结婚、生子、寿诞，或者客户开业、周年店庆、获奖时可以通过各种方式表示祝贺。祝贺词一般是"祝您……"。

6. 道别语

交际双方在分手时，通常使用道别语。常用的有"再见"，若是事先商量好了下次见面的时间可以说"回头见"。常用的道别用语很多，如"走好""再来""慢走""保重"等。

7. 请托语

在日常生活中，出于礼貌，会用到请托语以表示尊重。常用的请托语是"请"，还常常使用"拜托""借光""劳驾"等。日本人常用"多多关照"，欧美国家的人常用"Excuse me"。

知识储备三　职业语言规范

汽车销售人员在接待客户的过程中，应该注意语言规范。语言规范能够显示出汽车销售人员的素质和水平。对于汽车销售人员来讲，文明礼貌用语是十分重要的。

1. 客户接待语

客户接待用语包括"欢迎光临""您好"等。

2. 友好询问语

"请问您怎么称呼？我能帮您做些什么？"

"您是第一次来吗？是随便看看还是想买车？"

"您是自己用么？如果是，您不妨看看这辆车。"

"请问您现在用的是什么样的车？是如何使用这辆车的呢？"

"我们刚推出一款新的车型，您不妨看看。如果不耽误您的额外时间，我给您介绍一下好吗？"

"好的，没问题，我想听听您的意见，行吗？"

3. 车辆介绍用语

"请您自由地参观汽车，如果有需要，请您随时叫我。"然后站在旁边，精神饱满地等待。

"请喝茶，请您看看我们的资料。"

"关于这款车的性能和价格，有什么不明白的吗？您请讲。"

看到客户想询问事情或者想与你说话时，要主动回应；同时，想方设法将客户带进会客区，端上饮料，并采用以下话术：

"您还满意吗？""你觉得xxx车怎么样？""我们为您准备好了饮料，如果方便，请到桌子那边。"

4. 请教联系方式用语

"如果您有名片，能给我一张吗？"如果对方没有名片，可以将其联系方式记在便签上。

"请问您贵姓？"

"请问您在哪里工作？"

"如果方便，我想拜访贵公司，是否可以告诉我贵公司的地址和电话？"

5. 道歉用语

"对不起，这个型号的汽车……"

"不好意思，您的话我还没有听明白。"

"您稍等""麻烦您了""打扰您了"等。

6. 恭维赞扬用语

"您这样的成功人士，选择这款车是最合适的。"

"先生（小姐）很有眼光。"

"您是我见过的对汽车最熟悉的客户了。"

"您太太这么漂亮，好让人羡慕啊。"

"您真是快人快语，给人的第一印象就是干净利落。"

7. 送客道别用语

"再见！"

"您慢走，多谢惠顾，欢迎下次光临。"

"有什么需要的地方随时给我打电话。"

知识储备四　职业沟通技巧

汽车销售人员说话的目的性要明确。在与具体某个人进行面对面的对话时，在达到自己目的的同时，也要理解并满足对方的要求。职业沟通技巧主要包括以下几点：首先，要听懂对方的说话意图，特别是没有说出来的意思；其次，要牢记自己的目的，与别人沟通不是闲聊，应努力获取自己需要的信息；最后，要管理说话的内容，对说话的内容进行合理的搭配安排。要很好地做到这些，在沟通中需要做到以下几点。

1. 主导

在与其他人的交谈中，要不知不觉地控制谈话内容以及谈话的发展趋势和方向。在谈话中，不断提出新的话题，其他人只是跟随着，同时还能让别人特别期待你对事情的看法，这样就能逐渐掌握谈话的主动权，不宜被别人"牵着鼻子走"。

2. 迎合

主动承接对方说话的意思，形成顺应的语言背景，赢得宽容的交谈氛围。

3. "垫子"

"垫子"主要是指在回答客户问题的时候，有效应用对问题的评价来降低客户对问题的关注度。"垫子"能对部分有备而来要问事物的本质、核心问题的客户的激动情绪发挥出巨大的缓冲作用，对于消除对抗、获得理解、握手言和有重要的作用。

4. 制约

制约是预测客户后面要说的话，并主动说出解决问题的方法，制约客户思路。制约就是在互动式说话氛围内，提前知道别人想表达的意思，而这件事情不一定对自己有利，于是变换一种形式先发制人，让别人无法发作，从而获得谈话优势。制约要求有伶俐的口齿和敏捷的思维。

总之，在汽车销售过程中，汽车销售人员的沟通技巧主要体现在："会说"，即良好地开场，有效地介绍，恰当地迎合；"会听"，即学会倾听客户的诉求，从客户的诉求中捕捉信息，最终促成业务；"会看"，即学会"察言观色"、见微知著，了解客户需求，把握签约时机。

技能训练　言语表达与沟通交际

1. 准备工作（表3-1）

表3-1　言语表达与沟通交际训练准备工作

场 地 准 备	工 具 准 备	课 堂 布 置	教 师 要 求
5把椅子/组 2张桌子/组	无	5人/组，4组	着职业装

2. 分组演练

各个小组模拟汽车销售、售后服务接待、汽车保险理赔、汽车商务接待、汽车商务会展等不同的工作场景，针对不同的客户进行沟通交流，准确定位客户的要求，挖掘出客户的潜在需求，并任选3个场景完成表3-2。

表3-2 演练表

对 话 场 景	客 户 态 度	客 户 需 求	客户满意度及其他

3. 展示评比

各小组对场景模拟演示结束以后，将本组所选择的3个场景进行整合，每个组选出两名同学对所选的3个场景进行串联模拟，其他小组对本小组进行评分，时间为10min。

4. 评价表（表3-3）

表3-3 言语表达与沟通交际评价表

评价项目	情景展示（2分）	语言合理（4分）	体态自然（2分）	表情到位（2分）	总分（10分）	
评价标准	符合岗位要求	语速适当，语气友好，讲普通话	身体配合自然大方	表情自然	自评（　　）	互评（　　）
第　　组						
点评记录	优点					
	缺点					

5. 自我总结

_____

_____

_____

活动二 》》 有效选择话题

话题是指人们在交谈过程中涉及的题目范围和谈话内容，也是一些由相对集中的同类知识、信息构成的谈话资料及其相应的语体方式、表达词汇和语气风格的总和。在社会交往中，学会选择话题，就能使谈话有一个良好的开端。

知识储备一 话题选择原则

汽车销售人员交谈的话题和方式应尽量符合客户的特点，应准确地把握客户的性格、心理、年龄、身份、知识面和习惯等。汽车销售人员应该让话题感人、引发客户共鸣，但是话题不应该涉及疾病、死亡等，不应谈论荒诞离奇、耸人听闻和黄色淫秽话题。

1. 选择既定话题

若交谈双方业已约定交谈话题，或者一方事先准备好了话题，如征求意见、传递信息或者研究工作等，就应针对既定话题进行交谈。

2. 选择内容文明、格调高雅的话题

文学、哲学、艺术、地理、历史和建筑话题，因其内容文明、格调高雅，故适合作为各类交谈话题，但忌不懂装懂。

3. 选择轻松的话题

轻松的话题主要包括文艺演出、流行时装、美容美发、体育比赛、电影电视、休闲娱乐、旅游观光、风土人情、名胜古迹、烹饪小吃、名人轶事和天气状况等。这类话题比较轻松，适合非正式交谈，允许各抒己见，任意发挥。

4. 选择时尚的话题

选择时尚的话题即以此时此刻正在流行的事物作为谈论的中心，但是这类话题变化较快，不好把握。

5. 选择擅长的话题

选择擅长的话题，尤其是交谈对象有研究、有兴趣的话题，对整个交谈过程有益处。例如，青年人对于运动、流行歌曲、影视明星的话题关注较多，而老年人对于健身运动、饮食文化之类的话题较为熟悉；普通人关注家庭生活、个人收入等，公职人员关注时事政治、国家大事；男士多关注事业、个人专业，而女士对家庭、孩子、物价、化妆和服饰等更容易津津乐道。

知识储备二　扩大话题储备

由于人们的经历、兴趣、职业、学习状况不同，每个人所熟悉的话题也不相同，要想与别人有更多的话题，必须尽量扩大话题储备。要事事留心，把看到、听到的事物有意识地加以记忆和积累，就会逐渐变得学识渊博。

知识储备三　避谈话题

1. 避谈政治、宗教等有异议的话题

有些人虽然基于礼貌不会当场与你争论，但是内心一定十分不舒服，你可能无意中得罪了人而不自知，这自然失去了社交的意义。

2. 避谈国家秘密及行业秘密

我国国家安全法、国家保密法规定，违法及泄密的内容是不能谈论的。此外，各个行业、各个企业都有各自的商业秘密，在商务洽谈中，不应涉及这些内容，以免造成不必要的损失。

3. 避谈格调不高的话题

格调不高的话题包括家长里短、小道消息、男女关系、黄色段子等。这些东西说出来会使对方觉得你素质不高，有失修养。不能在外人面前谈论领导、同行的处事不足，这会让别人怀疑你的人格和信誉，也会令别人对你的公司、企业的团结合作及信用产生怀疑。

4. 避谈个人隐私

与外人交谈时，尤其是与外国人交谈时，应该回避个人隐私。具体包括"五不问"：不问收入，不问年龄，不问婚否，不问健康，不问个人经历。

技能训练　话题选择礼仪

1. 准备工作（表3-4）

表3-4　话题选择礼仪训练准备工作

场 地 准 备	工 具 准 备	课 堂 布 置	教 师 要 求
5把椅子/组 2张桌子/组	客户信息单	5人/组，4组	着职业装

2. 分组讨论

各个小组讨论出5个汽车销售人员最适合谈论的话题，汇总到表3-5中。

表3-5　适合汽车销售人员谈论的话题

场　合	话　题	基本用语

3. 展示评比

每个小组选择其中两个话题，设定工作场景进行演示，各个小组对表演者进行打分评价，时间为10min。

4. 评价表（表3-6）

表3-6　话题选择礼仪评价表

评价项目	情景展示（2分）	语言合理（4分）	体态自然（2分）	表情到位（2分）	总分（10分）	
评价标准	符合岗位要求	语速适当，语气友好，讲普通话	身体配合自然大方	表情自然	自评（　）	互评（　）
第　　组						
点评记录	优点					
	缺点					

5. 自我总结

活动三 ≫ ### 学会聆听与提问

在汽车商务活动中，最重要的获取信息的方式是聆听和提问。聆听是一门艺术，通过聆听可以从谈话的一方获得重要的信息，领会谈话者的意图。聆听是尊重他人的表现。因此，应充分重视听的功能，讲究听的艺术。同时，解决问题的重要方法就是提出问题。提问在商务活动中主要有两方面的意图：首先是获得自己所需要的信息，为自己和组织谋取利益；其次是让对方了解自己的需要和追求，从而促进人与人之间的交流，促使合作。

知识储备一　聆听"三心"

1. 耐心

对方阐述自己的观点时，应该认真地听完，真正领会其中的意图。有人在听话的过程中，遇到与自己不一致的观点或者自己不感兴趣的话题，或者产生了强烈的共鸣就禁不住打断别人，致使别人中断思路，这是不礼貌的行为。当别人正在讲话时，不宜插话；如果必须打断，应适时提示并致歉后再插话；结束插话时，要提示对方"请您继续讲下去"。在聆听过程中，应注意自己的仪表，不应该流露出不耐烦、心不在焉或者是疲劳的神情，这样会伤害对方的自尊心。

2. 专心

在对方讲话的时候，应该目视对方，以表示专心。因为言语只传达了部分信息，因此，还应该注意说话者的神态、姿势、表情以及声调、语气的变化，以便全面、准确地了解对方的思想情感。同时，以礼貌而专注的目光表示认真聆听，对说话者是一种尊重和鼓励。

3. 热心

在谈话中，如果面无表情、目不转睛地盯着别人看，会使别人怀疑自己的仪表或者讲话有什么不妥之处而感到不安。因此，聆听者在听取信息后，可以根据情景，或者微笑，或者点头，或者发出轻微的表示同意的声音，或者适时插入一两个提问，如"真的么""哦，原来是这样，那后来呢？"等。这样的谈话能够实现交流，形成心理上的默契，使谈话气氛更加融洽。

知识储备二 提问契境

提问契境就是语言运用与所处环境相契合、相适应。构成语言环境的因素包括社会环境、自然环境、交际场合、交际对象、交际双方的各种因素，如身份、职业、经历、思想、性格、处境、心绪等。针对不同的场合、交往目的、交际对象，提问时使用的语言也应不同。

1. 与人初次见面，提问要找巧话题

初次见面，彼此都有一种要了解对方的愿望和渴望得到尊重的心理。但是，往往在一阵寒暄之后就无话可说，甚至冷场了，使交谈陷入困境。在这时，可以向对方发问，引发对方的自我介绍，从而找到话题，如姓氏、职业等，从而发掘双方均熟悉的话题进行交流，从而达到相互了解的目的。

2. 熟人见面交谈，体现关怀和友谊

商务人士面对老客户时，提问需要强调感情关系。只有把客户当作老朋友，使客户心理上的亲和需求得到满足，才能更方便地展开推销工作。

知识储备三 提问方法

提问语既可以表达疑问，也可以引导对方进入谈话状态。为了得到想要的回答，达到一定的目的，就必须掌握语言提问的几种形式，把握其中的规律，这样才能在交谈中发挥积极作用。

1. 正问

正问即开门见山，把想问的问题提出来。此提问方式常用于上级对下级工作的询问，同事间信息交流，或者亲密朋友间的沟通。应该注意，使用这种方式所提问的问题必须没有深奥的背景，三言两语能够说清楚，以不会引起不愉快的后果为前提。

2. 反问

反问是指从相反的方向提出问题，使对方不得不回答问题。很多人有不爱主动选择的心理特征，为了得到当面肯定的提问效果，可从否定的角度来提问。这种提问方式多用于向公众征询意见的公开场合。例如，"有谁同意这个活动方案？""有谁不同意这个活动方案？"

3. 开放式提问

开放式提问就是不限制客户回答问题的答案，完全让客户根据自己的喜好，围绕谈话主题自由发挥。开放式提问既可以令客户畅所欲言，又有助于汽车商务人员根据客户谈话有效地了解客户信息。在客户畅所欲言之后，他们通常会感到放松和愉快，这有助于双方进一步沟通合作。开放式提问主要有以下几种："……怎么样？""如何……""什么……""哪些……"等。

4. 封闭式提问

封闭式提问也叫作引导式提问，它只是让对方有"是"或者"不是"两种选择。面对犹豫不决的提问对象，通过封闭式提问并将希望得到的答案放在后面，可以引导谈话方向。把开放式提问和封闭式提问结合起来，非常有利于掌控交谈的整个局面。

技能训练 倾听与提问礼仪

1. 准备工作（表3-7）

表3-7 倾听与提问礼仪训练准备工作

场 地 准 备	工 具 准 备	课 堂 布 置	教 师 要 求
5把椅子/组 2张桌子/组	客户信息单	5人/组，4组	着职业装

2. 模拟演练

小组内两人搭配，进行角色扮演，1人扮演汽车销售顾问，1人扮演客户，对日常场景中经常出现的需要聆听和提问的环境进行模拟。两位同学在交流过程中，应能够对客户的以下信息进行有效的捕捉，确认客户的需求，见表3-8。

表3-8 客户资料

客户称呼	客户联系方式	工作	收入	买车用途	家庭	买车预算	意向车型	推荐车型

3. 展示评比

各小组推荐1组模拟较好的同学进行展示评比，小组组长进行打分，时间为10min。

4. 评价表（表3-9）

表3-9 倾听与提问礼仪评价表

评价项目	表情流露（4分）	提问恰当（4分）	细节注意（2分）	总分（10分）	
评 价 标 准	表情大方自然	能够进行舒适的提问，并得到有效信息	注意手部和脚部等细节符合要求	自评（　　）	互评（　　）
第　　组					
点 评 记 录	优点				
	缺点				

5. 自我总结

学习情景二 汽车商务电话礼仪

学习目标

知识目标：通过学习，学生能够准确把握汽车商务人员不同场合的电话礼仪要求。

能力目标：通过模拟训练，学生能够将电话礼仪充分地体现到电话交流的各个场合。

情感目标：学生能够通过自我审视完善自我职业形象，进而提升自身的综合素养。

由于4S店工作安排需要，小李由原来的汽车销售岗位调到汽车售后访问岗位。由于小李之前一直是面对面地与客户交流，在如何通过电话与客户沟通联系方面不熟悉，那么在与客户电话联系过程中应注意哪些细节呢？

活动一 >> 拨打电话礼仪

在现代社会生活中，电话与网络是十分方便快捷的交流工具和沟通方式，在使用电话与网络进行人际往来的交流时，需要掌握其中的礼仪规范。掌握好合理的时间、梳理好交谈的内容、礼待他人、亲切自然都是基本的电话交谈的礼仪常识。网络交流同样需要注意友好礼貌、遵纪守法。只有这样才能高效地运用现代科技手段为社交服务。拨打电话礼仪如图3-1所示。

图3-1　拨打电话礼仪

知识储备一　拨打电话原则

1. 时间原则

公务电话应尽量打到对方单位，最好避免下班时拨打，因为此时对方下班，可能得不到满意答复。除了有重要的事情必须通告外，不要在他人休息、用餐的时间打电话，最佳通话时间一般为上午9：00—11：00、下午14：00—16：00。谈公事不要占用他人的私人时间。社交电话尽量不要在工作时间拨打，以免影响他人工作。给海外人士打电话要考虑到时差问题。

2. 斟酌通话内容

在进行重要的通话前，最好把对方的姓名、电话号码、通话重点内容列一张清单，这样可以尽量避免讲话缺少条理。电话内容要简明扼要，发话人应当自觉、有意识地将每次通话时间限定在3分钟以内，切忌长时间占用电话聊天。要讲的话已经说完时，就应该果断终止谈话。按照电话礼仪，一般应由双方中地位较高者终止通话；如果双方地位平等，则由主叫方先挂电话。

3. 控制通话过程

电话接通以后，要使用礼貌用语，除了首先问候对方外，需要报自己的单位、职务、姓名。必要时，应询问对方是否方便，在对方方便的情况下开始交谈。开口就询问自己需要的事情，咄咄逼人的态度会令人反感。请人转接电话时，要向对方致谢。如果发生掉线的情况，应该由打电话方重新拨打。在对方休假、用餐、睡觉时，打电话影响了对方，不仅要讲清楚原因，而且要说一声"对不起，打扰您了，"通话完毕应道"再见"，然后轻轻放下电话。

知识储备二　拨打电话步骤

拨打电话步骤见表3-10。

表3-10　拨打电话步骤

步　骤	基本内容
准备，拨出电话	在拨打电话的时候要确认对方的姓名、电话号码；准备好要讲的内容、说话的顺序和所需要的资料、文件等；明确通话的目的
问候、告知自己的姓名	这时用到的基本术语有："您好！我是xx公司xx部门的xxx"。注意要报出自己的名字，讲话注意礼貌
确认电话对象	这时用到的基本术语有："请问xx部门的xx先生在吗""请问您是xxx先生吗？""麻烦您，我要找xx先生。"此时，确认对方是否是你需要找的人；与要找的人接通电话后，应该重新问候
说明来电事项	这时用到的基本术语有："今天打电话是想咨询您一下关于……"应该先将要说的事情告诉对方，如果事情比较复杂，可提醒对方做记录，并对时间、地点、数字进行准确的表达，说完以后可以总结重点内容
礼貌结束通话	这时用到的基本术语有："谢谢""麻烦您了""那就拜托您了"等，态度要诚恳
放回电话听筒	等对方放下电话后轻轻将听筒放下

知识储备三　电话预约

汽车商务人员在访问客户之前，需要电话预约，这是礼貌的表现，而且通过电话事先预约可以使得访问更加有效率。电话预约看似简单，实则很有技巧，如何说、怎么说、说什么是电话预约成功的关键。汽车商务人员在进行电话预约的时候需要抓住以下几个要领：

1）力求谈话简洁，抓住要点。

2）考虑到对方的立场。

3）使对方感到被尊重、重视的感觉。

4）不能让对方感到被强迫。

技能训练　拨打电话礼仪

1. 准备工作（表3-11）

表3-11　拨打电话礼仪训练准备工作

场地准备	工具准备	课堂布置	教师要求
5把椅子/组 2张桌子/组	电话2部 客户信息记录表	5人/组，4组	着职业装

2. 分组讨论

分组讨论、组织汽车商务人员在汽车电话销售、客户回访和维护过程中应使用的语言，汇总到表3-12中。

表3-12　电话礼仪

汽车销售	
客户回访	
车辆保养	

3. 实战演练

根据分组情况，分别对汽车电话销售、客户回访和通知客户维护进行情景模拟。在进行模拟过程中，注意接听和拨打电话的基本原则，同时完成客户信息记录表（表3-13）。

表3-13　客户信息记录表

姓　　名	联系方式	车　　型	时　　间	目　　的

4. 展示评比

每个小组抽签选择一个场景并进行模拟表演，各小组组长进行打分，时间为10min。

5. 评价表（表3-14）

表3-14　拨打电话礼仪评价表

评价项目	内容符合 （4分）	细节注意 （3分）	互动得当 （3分）	总分 （10分）	
评价标准	通话过程能够 完成任务	通话语言 流畅、得体	表演双方 能够融入情景	自评（　）	互评（　）
第　　组					
点评记录	优点				
	缺点				

6. 自我总结

_____

_____

_____

活动二 》 电话接听礼仪

　　为了使通话更加准确地传递消息，更好地赢得对方的信赖和好感，做到人未见，心已通，汽车商务人员在接听电话时，必须遵守一定的原则、掌握一定的技巧。电话接听礼仪如图3-2所示。

知识储备一　接听电话原则

1. 重要的第一声

　　当给某公司打电话的时候，若一接通，就能听到对方亲切、优美的声音，说："您好，这里是xx公司。"心里会很愉快，不仅能使双方对话顺利开展，而且也会使来电者对该公司留下良好的印象。所以，在电话中只要稍微注意一下自己的语言，就会给对方留下完全不同的印象。

图3-2　电话接听礼仪

2. 要有喜悦的心情

　　打电话时要有喜悦的心情，这样即使对方看不见你，也会被你欢快的语调感染，给对方留下好的印象。

3. 举止要恭敬认真

　　打电话过程中绝对不能吸烟、喝茶、吃零食，即使是懒散的姿势对方也能够"听"得出来。打电话的时候，若是躺在椅子上，对方听你的声音就是懒散、无精打采的；若是坐姿端正，对方听你的声音也会亲切悦耳、充满活力。因此，打电话时，即使看不见对方，也要当作对方就在眼前，尽可能注意自己的姿势。

4. 迅速准确接听

听到电话铃声，要准确、迅速地拿起听筒，最好在3声以内接听。电话铃响一声大约3秒，若长时间无人接听是很不礼貌的，对方在等待时心里会十分着急，也会对你所在的公司留下不好的印象。听到电话铃声，即便电话离自己很远，且附近没有他人可以接听，应该用最快的速度接听，这样的态度是每个办公室工作人员都应养成的。若电话铃响了5声还没有接听，应该先向对方道歉，如果电话铃声响了许久，接起电话只是"喂"一声，会给对方留下态度恶劣的印象。

5. 认真清楚地记录

随时牢记5W1H技巧。所谓的5W1H是指电话记录既要简洁又要完备，包括When（时间）、Who（人物）、Where（地点）、What（事情）、Why（原因）、How（如何进行）。

6. 了解来电目的

公司的每个电话都十分重要，不可以敷衍，如果对方要找的人不在，切忌只说"不在"就把电话挂断。我们应该了解对方来电的目的，如果自己无法处理，应该认真记录，委婉探询对方的来电目的，从而避免耽误事情，赢得对方好感。

7. 礼貌挂断电话

要结束通话的时候，一般由打电话方提出，然后彼此客气地道别，说声"再见"再挂电话，切不可自己讲完就挂电话。

知识储备二　接听电话步骤

接听电话步骤见表3-15。

表3-15　接听电话步骤

步　骤	内　容
拿起听筒，并告知对方自己姓名	基本用语包括："您好，xx部门xx"，如果是上午10：00以前，可以说"早上好"，如果电话铃声响了3声以后，可以说"让您久等了，我是xx部门xx"。尽量在电话响3声以内接听电话，接听电话时应做好记录，切忌只用"喂"，回答音量不要过高，并告知对方自己姓名
确认对方	基本用语包括："xx先生，您好！""感谢您的关照"等。注意必须对对方进行确认，如果是客户，应对来电表达感谢
听取对方来电用意	基本用语包括："是""好的""清楚""明白"等。注意在必要时进行记录，谈话不要离题
进行确认	基本用语包括："请您再重复一遍""那么……"。注意重复确认时间、地点、对象和事由，如果是传言，务必记录下电话的时间和留言人
结束语	基本用语包括："我清楚了""请放心""我一定转达""谢谢""再见"等
放下听筒	等对方放下听筒后，轻轻放下听筒

知识储备三　电话代接礼仪

电话铃响的时候，如果被找的人不在电话机旁边，距离电话最近的人应主动代接电话，以免错过重要电话或使对方对本公司产生误会。代接电话主要有以下注意事项。

1. 以礼相待，尊重隐私

当来电的人说明找谁之后，有3种情况：

第1种情况是接听电话的人正是对方要找的人。

可以直接说："我就是，请问您是哪位？"

第2种情况是对方要找的人在，但不是他接的电话。

接电话的人应该请对方稍等，并尽快将电话交给对方要找的人。如果要找的人就在身边可以告诉对方"您稍候"，然后轻轻告诉要找的人"你的电话"，切忌高声呼喊。如果要找的人稍远，可以说"请稍候，他马上到"。

第3情况是对方要找的人不在办公室，此时接听电话的人不可过分追问对方情况。

如果对方要找的人外出，可以告诉对方，并表示可以代为转告或处理，同时可以征求对方的意见"方便留下您的姓名和联系方式吗"，若对方留下联系方式，可以说"等他回来，我一定代为转告"，同时重复对方留下的联系方式，以免有误。如果对方不留联系方式，切忌不断追问。

2. 把握分寸，妥善处理

若熟人找领导，且领导在，应立即转告，让领导接电话。当需要把电话给领导时，在传电话之前，清楚告知领导"xx公司xx先生的电话"，同时把已经得到的信息告知领导，以免领导措手不及。

若领导不愿接听电话，则应灵活应付，恰当地把握讲话分寸，按照领导的意图妥善处理，如"对不起，先生，xx领导刚刚离开办公室，不知什么时候回来。"

3. 记忆准确，做好记录

若对方找的人不在，应该温和地告知对方，并可主动提出是否需要帮助，是否可以找别人通话以及能否留下联系方式，以便再与其联系，切忌简单粗暴地回答"他不在"，这样会显得鲁莽而无礼。如果有留言，应遵照5W1H原则做好记录。

 技能训练　接听电话礼仪

1. 准备工作（表3-16）

表3-16　接听电话礼仪训练准备工作

场 地 准 备	工 具 准 备	课 堂 布 置	教 师 要 求
5把椅子/组 2张桌子/组	电话2部 客户信息记录表	5人/组，4组	着职业装

2. 分组讨论

分组讨论、组织汽车商务人员在汽车电话销售、售后服务和客户投诉电话过程中接听电话的语言使用及特点，汇总到表3-17中。

表3-17　不同场合话术

场　　合	
电 话 销 售	
售 后 服 务	
客 户 投 诉	

3. 实战演练

每个小组拟定一个场景，组内同学围绕该场景设计一段对话，选出该组的两名同学对这段对话进行情景模拟。对话要尽量贴近现实，同时考虑到各种情况。通过电话的接听，记录下对方的相关信息（5W1H），见表3-18。

汽车**商务礼仪** 第2版

表3-18　5W1H信息记录表

WHO	WHEN	WHAT	WHY	WHERE	HOW

4. 展示评比

每个小组通过抽签选择一个场景，并进行表演，各小组组长进行打分，时间为10min。

5. 评价表（表3-19）

表3-19　接听电话礼仪评价表

评价项目	内容符合（4分）	细节注意（3分）	互动得当（3分）	总分（10分）	
评价标准	通话能够完成任务	通话语言流畅、得体	表演双方能够融入情景	自评（　）	互评（　）
第　组					
点评记录	优点				
	缺点				

6. 自我总结

_____

_____

 ## 学习情景三　汽车商务文书礼仪

学习目标

知识目标：通过学习，学生能够准确把握汽车商务活动中各种文书的规范和要求。

能力目标：通过模拟训练，学生能够结合情景设定书写出合乎要求的文书。

情感目标：学生能够通过自我审视提升自己的写作水平，进而提升自身综合素养。

情景导入

L市奥迪4S店举行10周年店庆活动，邀请部分企业和客户参加活动。为此，领导安排小李负责请柬的相关事宜，作为汽车服务类专业的学生，你将如何设计这份请柬呢？

活动一 >> 请柬与应邀回函礼仪

在现代商务活动中，人与人之间的沟通、联络越来越趋于电子化。虽然电话、传真、邮件十分迅速便捷，但在商务活动中，文书仍然有不可替代的作用。在正式交际与商务往来中，信函显得更为慎重、正式，也更为真实。因此，对重要事物的处理，只有通过文书的往来才能做出最终决定。

知识储备一　请柬的应用场合

商务礼仪规定在正规的商务往来之中，必须以正式的邀约作为邀约的主要形式，其中档

058

次最高、最为商界人士使用的是请柬邀约。

请柬是用来邀请他人参加会议、宴席、聚会活动的书面邀请书。采用请柬方式邀请可显示举办方郑重的态度。凡是精心安排、精心组织的大型活动与仪式，如宴会、舞会、纪念会、发布会、开业仪式等，只有采用请柬邀请嘉宾，才会被人视为与其身份相称。请柬是邀请宾客用的，所以在款式设计上要注意艺术性。一张精美的请柬往往能使人感到快乐和亲切。选用市场上的各种专用请柬时，要根据实际需要选购合适的类别、色彩和图案。

知识储备二　请柬的的基本要求

1. 措辞准确

请柬篇幅短小，表情达意受到一定限制，因此措辞更要明晰、准确，要写清楚活动的要素，包括时间、地点、邀请对象，决不能出错。

2. 语言雅致

请柬是一种高雅的礼仪载体，要根据不同场合使用高雅、得体、礼貌的措辞，做到热情而不俗套，恭敬而不卑微，充分显示邀请者的内在素质和修养。

3. 提前送达

送达时间需要准确、慎重。请柬主要表达对被邀请者的尊敬，凡是属于较为隆重的喜庆活动，邀请客人以请柬为主，切忌口头招呼，顾此失彼。邀请一定要适时发出，若太早，对方容易遗忘；若太迟，对方来不及回柬和准备。一般提前1周送达较好。

知识储备三　请柬的特点

1. 郑重性

请柬有书信的属性，所以即使对方近在咫尺，只要有必要，都必须发出请柬，以表示郑重和尊重。

2. 邀请性

请柬不同于一般的通知。请柬除了具有通知的作用以外，主要表现为邀请性质，一般不具有通知的指挥、规范作用。

3. 艺术性

请柬主要用于社交场合，在款式和装帧上非常具有艺术性，追求美观、精致、新颖、大方。

知识储备四　请柬的格式写法

请柬从格式上可分为横式和竖式两种写法，竖式写法应从右侧向左侧书写。请柬一般有标题、称谓、正文、结尾和落款五部分。

1. 标题

通常，请柬已按照书信格式印刷好，发文者只需填写正文。封面一般都直接印上了名称"请柬"或者"请帖"字样。还有一种请柬，标题由活动内容加上请柬二字组成。

2. 称谓

称谓主要有两种写法。一种是写在正文前一行顶格处，与普通书信称呼相同；另外一种是写在正文之后，在恭请与光临之间的空白处，填上被邀请者称谓，正规请柬比较趋向这种形式。称谓一般用全称。姓名后面常以尊词或职位缀之，不用简称，英文请柬中不用缩写。另外，若是邀请夫妇同时出席，宜把两个人的名字都写上。

3. 正文

正文主要写活动内容，如开座谈会、联欢晚会、纪念典礼等，写明时间、地点、方式。如果是看演出，还应该将入场券附上。若有其他要求也需要注明，如"准备发言""准备节目"等。

4. 结尾

请柬的结尾已成为套语，显得正式、隆重，必不可少。常常要写上礼节性问候语或者恭候语，如"致以，敬礼""敬请光临"等。

5. 落款

写明邀请者的名称和发请柬的日期、姓名之后，通常写上"谨启""谨订"等字样以示礼貌，如图3-3所示。

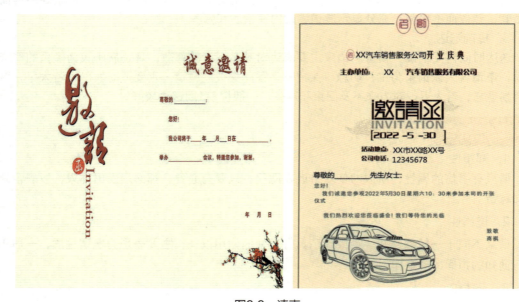

图3-3 请柬

知识储备五 **应邀回函的内容**

任何形式的邀约都是邀请者经过慎重考虑的，认为确有必要后才会发出的。因此，在商务交往中，商务人士不管接到任何来自单位、个人的书面邀约，不论是否接受，都必须按照礼仪规范，及时、正确地处理。如果收到的是邀请信或者请柬，最好的回复方式是用信函回复（图3-4）。切不可不回复也不参加，这样是非常不礼貌的。

1）核对时间、地点。

2）核实邀请范围，决定是否携带伴侣。

3）明确活动对服装的要求。

4）明确活动目的，决定是否携带礼物。

5）明确自己的地位和位置，不要随便坐到主宾席上。

6）活动结束时要同主人及周围的人道别，不能不辞而别。

图3-4　应邀回函

 知识储备六　**应邀回函注意事项**

1）应邀时应及时、礼貌地答复。应该在24h之内答复，并在复信时明确地说明是接受还是不接受。

2）接受邀请时，在回信中应重复写上邀请信中的某些内容，如时间、地点等，这样可以防止弄错时间和地址。

3）在书写应邀的短笺时，要对邀请表示感谢；在书写表示谢绝的短笺时，应注意写出你的失望与遗憾之情，并具体说明不能应约的原因。

4）回信最好不要打印，要像请柬一样简明。如果是妻子代表夫妻两人回函给女主人，在信笺的正文中应该提及男主人。

技能训练　请柬和应邀回函的写作

1. 准备工作（表3-20）

表3-20　请柬和应邀回函写作训练准备工作

场 地 准 备	工 具 准 备	课 堂 布 置	教 师 要 求
5把椅子/组 2张桌子/组	1台计算机/组 5种请柬/组	5人/组，4组	着职业装

2. 分组讨论

各个小组进行讨论，模拟xx职业学院的人员和某汽车贸易公司的人员，进行讨论，形成最终的请柬和应邀回函。各个小组设计1份请柬，小组之间两两互换，并形成应邀回函。

3. 展示评比

各小组将其他小组发来的请柬和收到的应邀回函做成照片，进行展示，各小组组长对各组的作品进行打分，时间为10min。

4. 评价表（表3-21）

表3-21　请柬和应邀回函评价表

评价项目	布局合理（2分）	设计合理（4分）	公司形象（2分）	细节到位（2分）	总分（10分）	
评价标准	整体布局美观、大方	请柬的语言、画面符合活动要求	能充分体现双方的特点	请柬和应邀回函内容都合情合理	自评（　）	互评（　）
第　　组						
点评记录	优点					
	缺点					

5. 自我总结

_____

_____

_____

活动二 》》 致辞文书礼仪

致辞文书主要是用于一些正式的社交场合或者较为庄重的会议，以口语表达为媒介的有关礼仪的应用文。致辞文书主要包括欢迎词、欢送词、答谢词、开幕词、闭幕词、悼词等。

知识储备一 欢迎词特点

欢迎词是由东道主面对宾客到来表示欢迎的讲话文稿。在商务活动中，遇到宾客参观、访问或者有新的员工加入等场合，在见面时，发表热情洋溢的欢迎词必不可少。

1. 欢愉性

中国有句古话是"有朋自远方来，不亦乐乎"，所以致欢迎词时应当有一种愉快的心情，言辞务必富有激情和表现出致辞人的真诚。只有这样才可以给宾客一种宾至如归的感觉，为接下来各种活动的开展打下良好的基础。

2. 口语性

欢迎词是现场当面向宾客口头表达的，所以口语化是欢迎词文字上的必然要求，在遣词用句上要运用生活化的语言，既要简洁又要富有生活情趣。口语化会拉近主人与宾客的关系。

知识储备二 欢迎词的内容

欢迎词一般由标题、称谓、正文、结语、署名五部分构成，见表3-22。

表3-22 欢迎词的构成

标 题	标题有两种写法：一种是直接以文种命名，如"欢迎词"；另一种是由活动内容加文种名称构成，如"在xx集团表彰大会上的欢迎词"。致辞人不念标题
称 谓	称谓要写在开头顶格处。写明来宾的姓名称谓，如"尊敬的女士们、先生们"
正 文	欢迎词的正文一般由开头、主体和结尾三部分构成。开头通常说明现场举行的是何种仪式、发言者代表什么人、向哪些来宾表示欢迎。欢迎词的主体一般阐述和回顾宾主双方在某些共同领域所持的共同立场、观点、目标、原则等内容，较为具体地介绍宾客在各方面的成就及在某些方面做出的突出贡献，同时要指出宾客本次到访或光临对增加宾主友谊及合作所具有的现实意义和历史意义
结 语	在结尾处再次向来宾表示欢迎，并表达自己对今后合作的良好祝愿
署 名	欢迎词的落款要署上致辞单位名称、致辞者的身份和姓名，并署上成文日期

知识储备三 欢迎词写作要求

欢迎词多用于对外交往。在各社会组织对外交往中，所欢迎接待的宾客可能是多方面的，如上级领导、检查团、考察团等，来访目的不同，欢迎的情由也不相同，欢迎词要有针对性，看对象说话，表达不同友谊。

1. 区别不同场合

欢迎的场合、仪式是多种多样的，有隆重的欢迎大会、酒会、宴会、记者招待会，也有一般的座谈会、展销会、订货会等。欢迎词要看场合说话，该严肃则严肃，该轻松则轻松。

2. 热情不失分寸

欢迎应真心实意，热情、谦逊、有礼；语言亲切，饱含真情；注意分寸，不卑不亢。

3. 称呼要合适

由于是对外交往，欢迎词的称呼应比开幕词、闭幕词更具有感情色彩，更热情有礼。为了表示尊重，要称呼全名，在称呼后面加上"先生""女士"，在称呼前面加上"亲爱的""尊敬的"等敬语。

4. 篇幅短小，言简意赅

一般的欢迎词都是礼节性的外交或者公关辞令，宜短小精悍，不必长篇大论。

知识储备四　欢送词的特点

举行正式的欢送会，当着被欢送者以及其他送行者的面致上一篇欢送词，可以体现出致辞者对友情的珍惜，也可以使被欢送者倍感温暖。欢送词可以分为私人交往的欢送词和公事来往的欢送词。无论哪一种欢送词都应该体现出依依惜别的感情，但不宜过分低沉。每当有朋友、客人离开，同事离职，送上一篇欢送词，表达出对友情的珍惜、对客人的尊重，会令商务活动更为圆满。

1. 惜别性

欢送词要表达亲朋远行时的感受，所以依依惜别之情要溢于言表，但格调不宜过于低沉，尤其是公共事务的交往更应该把握好分别时所用言辞的分寸。

2. 口语性

同欢迎词一样，口语性是欢送词的显著特点之一，遣词用句应该注意使用生活化的语言，使送别既富有情趣又自然得体。

知识储备五　欢送词的写作要求

1）对被欢送者进行高度评价。
2）对既往与之相处的时光进行温馨回忆。
3）表达自己真心实意的惜别之情。
4）送上对被欢送者的美好祝福。

知识储备六　欢送词的内容

欢送词与欢迎词的格式和写法基本相同，主要包括称谓；向出席者表示欢送、感谢；概括被欢送者以往取得的成就及变化和发展；放眼全局，展望未来；结尾，再次表示欢送及祝愿。

技能训练　致辞文书书写

1. 准备工作（表3-23）

表3-23　致辞文书书写训练准备工作

场地准备	工具准备	课堂布置	教师要求
5把椅子/组 2张桌子/组	信纸	5人/组，4组	着职业装

2. 分组讨论

XX职业学院举办元旦联欢晚会，邀请另外一所职业学院前来参加晚会。分小组讨论为本次元旦晚会写一篇欢迎词，同时写一篇晚会结束时的欢送词。

3. 展示评比

各个小组派两名同学分别对欢迎词和欢送词进行展示，各小组组长进行打分，时间为10min。

4. 评价表（表3-24）

表3-24　致辞文书评价表

评价项目	情景展示 （2分）	语言合理 （4分）	内容 （2分）	表情到位 （2分）	总分 （10分）	
评价标准	符合活动要求	语速适当，语气友好，讲普通话	欢送词的内容全面	表情自然	自评（　　）	互评（　　）
第　　组						
点评记录	优点					
	缺点					

5. 自我总结

_____

_____

_____

活动三 》 电子邮件礼仪

电子邮件是通过网络传递信息和文件的联络方式，具有便利、迅速、成本低的优点，已成为职业场合主要的沟通方式之一。电子信息的互动方式是通过计算机网络实现的，使用者会不自觉地忘记真正与自己互动的不是机器而是人，有时一些过激的字眼不经意地随手发出，就会伤害到对方甚至引起冲突。

一封电子邮件实际上就是一封信，差别在于传递的方式不同。书写电子邮件的基本原则是把它当作一般的书信来对待。

知识储备一　电子邮件的基本设置

1. 电子邮件主题

电子邮件的主题和信件的信封一样重要。只有写清楚电子邮件主题，对方才知道这封信是写给谁的。在垃圾邮件泛滥的今天，这一点很重要。电子邮件主题最好能写清楚对方单位的简称、对方姓氏加上职务，如"xx公司xx经理收"，这样对方就知道这不是垃圾邮件。

2. 发件人设置

最好将发件人设置成单位名称再加上自己的名字，这样在收到电子邮件后，对方一眼就看到这封信是谁发的。

3. 自动回复设置

设置自动回复时要注意，有些人或者有些单位的电子邮件比较复杂、容易记错，这时候就会担心自己发的电子邮件对方有没有收到。于是，很多人为了表示及时收到对方的电子邮件，会设置自动回复的功能。但是问题是，有些人的自动回复设置没有落款，同样令对方疑惑是不是你收到了电子邮件。所以，设置自动邮件回复时要写上自己的落款，姓名、单位名称都可以，或者两者都有。

知识储备二   电子邮件内容

电子邮件的内容和格式要遵照书面信函的格式和规则来写。电子邮件的正文要简洁、语言要流畅，不可以长篇大论，以方便收件人阅读；用语要礼貌，以示对收件人的尊重。

尽量掌握一个信息一个主题的原则，每一封电子邮件都要看作一个内容一致的信息包，这样才能够保证邮件信息的一致性，收件人能够根据邮件内容提炼信息并很快做出反应。如果需要转发多人，一封邮件承载的信息就不能过多，信息过多可能不方便发出或者可能出现泄密的情况。

在电子邮件的正文中，尽量不用网络语言及符号，特别是不常用的网络语言及符号，以免对方不理解而使交流受阻甚至产生歧义。

电子邮件信息量太大时应使用附件。当需要发送的电子邮件内容太多，或者含长篇报告、图片等文件时，可以选用附件方式发送，从而便于发信者编辑，也方便收件人阅读修改。

要慎选其他特殊功能，例如有的电子邮件软件有多种字体备用，甚至还有各种信纸共使用者选择，这些功能固然可以强化电子邮件的个人特色，但是职业人士要慎用：一方面，对电子邮件修饰过多，难免使其容量过大，从而导致收发邮件的时间增长；另一方面，电子邮件收件人的软件不一定能够支持上述功能。

知识储备三   查收和回复

应当定期查看收件箱，查看有无新的电子邮件，以免遗漏或耽误重要电子邮件的阅读和回复。定期整理收件箱，对不同电子邮件分别予以保存和删除，避免使收件箱过于臃肿。

要及时回复电子邮件，不要有所怠慢，让发件人担心电子邮件是否安全抵达。一般应在收到电子邮件当天予以回复。如果问题较难处理，就要先告诉发件人电子邮件已经收到，事情正在处理之中，会尽快回复。在给对方回复时，要注意修改原来的标题。

技能训练   电子邮件收发与编写

1. 准备工作（表3-25）

表3-25 电子邮件收发与编写训练准备工作

场 地 准 备	工 具 准 备	课 堂 布 置	教 师 要 求
5把椅子/组 2张桌子/组	1台计算机/组	5人/组，4组	着职业装

2. 分组讨论

以"××职业学院"的名义向某汽车贸易公司发送一封邀请函，邀请××汽车贸易公司参加××职业学院举办的"第三届汽车技能节"，分组讨论如何编写电子邮件。

3. 展示评比

邮件设置好后发送到教师指定的电子邮箱中，教师将每个小组发送的邮件进行展示，小组组长进行评分，时间为10min。

4. 评价表（表3-26）

表3-26　电子邮件收发与编写评价表

评价项目	邮件标题 （4分）	邮件内容 （4分）	邮件格式 （2分）	总分 （10分）	
评价标准	邮件标题符合要求	篇幅合适，与主题对应，简洁得体	符合一般信件的要求	自评（　）	互评（　）
第　　组					
点评记录	优点				
	缺点				

5. 自我总结

_____

_____

_____

【思维拓展】 扫描二维码收听故事，回答问题。

_____

_____

_____

_____

_____

学习领域四
汽车商务服务礼仪

　　随着我国社会经济的不断发展，人们的生活水平逐步提高，汽车不再是人们眼中的奢侈品，相关汽车行业服务水平也随着经济的发展得到了极大提升。在进行汽车营销的过程中，商务礼仪具有十分重要的作用，它会直接影响最终的营销结果。作为销售人员，在进行汽车营销的过程中，首先应当本着"顾客是上帝"的原则学会尊重顾客，以此来增强顾客的消费欲望；其次也可以通过合理的语言表达和较好的肢体语言让顾客充分了解汽车的性能以及优点，这样能够更好地推动销售的进行。如果在进行言语表达和仪态中出现不规范的行为，不但无法吸引顾客的注意还会影响最终的销售效果。

学习情景一　汽车商务服务顾问接待礼仪

学习目标

知识目标：掌握迎接、引领客户礼仪，掌握环车检查礼仪，掌握结算与交车礼仪。

能力目标：通过熟练运用礼仪待人接物，将常规礼仪融汇到日常工作中。

情感目标：学生能够在汽车商务活动中不断提高工作质量，进而提升自身的综合素养。

情景导入

一辆迈腾1.8T轿车，行驶里程为39917km，到一汽大众4S店进行维护，4S店的前台接待员接待了车主。通过此任务的学习，学生能够了解汽车售后服务接待人员的基本要求和必备的汽车专业技能，掌握前台接待人员的服务流程，在维修维护过程中与客户保持良好沟通，最终让客户感觉此次4S店服务是一次快乐的体验。

活动一 》　引领礼仪

在接待服务期间，接待人员除了热心与热情之外，还需经过专业的礼仪培训才能较好地完成各项接待与服务工作。接待人员应懂得基本的引导礼仪，带领客户到达目的地，应该有正确的引导方法和引导姿势。

知识储备一　引领人员要求

引领人员要求见表4-1。

表4-1　引领人员要求

客户来店	1. 着标准制服 2. 注意仪表仪容的修饰 3. 对客户敬礼致意，手势标准 4. 主动引领客户进入客户停车区或维修区
客户离店	1. 为客户指引道路 2. 将客户安全引领到主要道路上

知识储备二　引领礼仪要求

汽车商务接待人员引导手势：四指并拢、拇指靠向食指、手掌伸直，由身体一侧自下而上抬起，以肩关节为轴，抬到腰的高度时由身前左方或右方（视指引的方向和客户的位置而定）摆去，手臂摆到距身体15cm并不超过躯干的位置时停止。目视客户，面带微笑。在引导时，大多使用前摆式手势，如图4-1和图4-2所示。

其他手势有回摆式、直臂式等。

引领客户时，引导者应走在客户前面领先一、两步，与客户保持一致步调，引领时始终留意客户，遇到转弯或台阶、门口时，回头并适当使用指引手势。在门前引领时，如果门是内推门，自己先进，客户后进；如果门是外拉门，客户先进，自己后进。

接待人员在引领客户行进的过程中，会遇到不同路况，要将客户安全、舒适地带到目的地，就必须掌握引导的礼仪。

图4-1　女士引领礼仪

图4-2　男士引领礼仪

1. 走廊引路

走廊引路指通过走廊时，引领者以手势指引，伸左手，五指相贴，角度适中。引领者一般站在客人的左边，一般情况下离客户1～1.5m，让客户走在路中央，以示对客户的尊重，如图4-3所示。如果走廊太窄，一般请客户走在前，遇到对面行人时，则面朝走廊墙壁让路。同向行走时不要超过客户，如需超越，先打招呼。

展厅内欲快速通过时可快步行走，切忌跑步。二人并行以右为上，三人并行中间为上，如果接待众多客户，保持在客户左前方2～3步的位置；切忌独自在前，不与客人交流。

接待人员应走在客户的左（或右）前方，距离客户2～3步远，为配合客户的步调不能走得太快或太慢。在引领时要频频回头观望，确定客户能跟得上，照顾好客户。

图4-3　走廊引路礼仪

2. 楼梯间引路

楼梯间引路时上下楼梯靠右行走，不可多人并排行进。让客户走在正方向（左侧），引路人走在右侧，如图4-4所示。上楼梯时客户在前，要提示客户到达楼层后向哪个方向转；下楼梯时客户在后，要提示客户注意脚下。带路时，走在客人左前方2～3步远的位置，靠边引导。带路时要边留意客户的步伐，边引导，可说："请往这边走。"走到拐弯处时，要暂停，以手指示方向，并向客户说："请这边走"，如图4-5所示。

图4-4 楼梯间引路礼仪（1）

图4-5 楼梯间引路礼仪（2）

3. 乘电梯引领

与同级、同辈或不相识者同乘电梯时，进入电梯要讲先来后到，出电梯应由外而里；与尊长、来宾、客户或领导乘电梯时，原则上客户和领导先进先出，如图4-6所示。

进入无人管理的电梯时，若客户和领导人数较多，则自己首先进入电梯按住"开"的按钮以便客户或领导从容进入电梯。到目的楼层后，一手按"开"的按钮，一手做请出的动作，说："到了，您先请！"客户走出电梯后，自己立即步出电梯，在前面引导方向。

图4-6 乘电梯引领礼仪

知识储备三 **引领礼仪注意要点**

汽车商务接待人员引领客户时，需注意以下几点：

1）与客户保持一致步调，在引领两人以上时，可以用眼睛的余光去找齐（切不可左顾右盼），出现突发状况要学会灵活处理。

2）引领客户时，需注意行走的速度，应走在客户的侧前方2～3步的位置，随着客户的步伐而保持适当的行走速度（不可离得太远，也不可离得太近）。

3）目的地在几步远的情况下，要一直保持指引手势；如果距离远，在最开始的时候示意行走方向后，就可以正常行走（转弯处需用手势示意），到达目的地后需再次示意；在引领入座时手位要放低。

 **技能训练** **引领礼仪**

1. 准备工作（表4-2）

表4-2 引领礼仪训练准备工作

场地准备	工具准备	课堂布置	教师要求
5把椅子/组 2张桌子/组	无	5人/组，4组	着职业装

2. 分组讨论

结合4S店相关岗位的要求，分组讨论汽车商务人员在各种情况下的引领要点，小组记录员负责记录组员的观点，并汇总到表4-3中。

表4-3　引领要点

场　合	引领要点

3. 模拟训练

根据小组讨论的汽车商务人员在不同场合下的礼仪要求，小组内部相互指导，进行模拟训练。

4. 展示评比

小组内部推选两名同学，创设相关商务情景，进行引领展示，各小组组长与教师组成评委组，对除本组以外的其他小组进行评分，时间为5min。

5. 评价表（表4-4）

表4-4　引领礼仪评价表

评价项目	情景展示（2分）	动作标准（4分）	体态自然（2分）	表情到位（2分）	总分（10分）	
评价标准	符合岗位要求	动作到位	身体配合 自然大方	表情自然	自评（　）	互评（　）
第　组						
点评记录	优点					
	缺点					

6. 自我总结

_____

_____

_____

活动二 >>　前台接待礼仪

前台接待人员又称为服务顾问，是企业形象的代表。前台接待人员需要具备良好的素质，并熟练掌握接待客户的礼仪技巧。一个好的前台接待人员既要会展现亲切灿烂的笑容，又要会使用温馨合意的招呼语，还要全面了解和掌握服务技能。客户的到来是每个公司最期待的事情，这些人是公司的重要合作伙伴。所以，前台接待人员要掌握好接待礼仪，让客户有宾至如归的感觉。

知识储备一　对前台接待人员的要求

对前台接待人员的要求见表4-5。

表4-5　对前台接待人员的要求

态　度	微笑、干净、亲切感、诚实、谦虚等
知　识	汽车知识、客户知识、市场知识等
技　巧	询问技巧、表达技巧、客户应对技巧、电话沟通技巧等

获得良好第一印象的因素：在客户到来的时候，立即和客户打招呼，或出迎（图4-7）；使用恰当的问候语；让客户讲清楚他的问题；仪表整洁，接待区干净整洁，如图4-8所示。

知识储备二　前台接待礼仪常识

1. 前台仪容规范

面带笑容，保持开朗心态，有利于营造和谐、融洽的工作气氛；保持身体清洁卫生，这不仅是健康的需要，更是文明的表现，有利于与人交往；头发梳理整齐、面部保持清洁；男员工不留长发，女员工不化浓妆；保持唇部润泽、口气清新，以适合近距离交谈；手部干净，指甲修剪整齐，男员工不留长指甲，女员工不涂抹色彩鲜艳的指甲油并使用清新、淡雅的香水。

2. 前台仪态礼仪规范

前台接待人员坐、立、行、走都要端正自然，保持良好的精神风貌。在工作中注意站姿、坐姿、体态语、目光和微笑等；在工作的时候，常带着自然的笑容，表现出和蔼可亲的态度，令客户觉得容易接近。不得故意做小动作，打哈欠要掩住口部，不要作出搔痒、挖鼻、掏耳、挑牙等不雅动作。

不得表现懒散情绪，站姿要端正，不得摇摆身体，不得倚傍墙、柜而立或蹲在地上，不可歪头歪身及扮鬼脸作怪动作。用词适当，声线要温和，不可过大或过小，要清楚表达正确的意思；要始终保持微笑。

3. 电话接待礼仪

前台接起电话的声音要不急不慢，并终保持轻松、愉悦的声调，不得在电话中和来电者发脾气、使性子甚至说粗口。接电话中，要勤说"请问""对不起""请稍等"之类的谦词。在电话铃响的第二、第三声的时候接起电话。接起电话首先要说"您好，××4S店"，忌以"喂"开头。如果因故迟接，要向来电者说"对不起，让您久等了"。对知道分机号码或者转向具体人姓名的电话，可以礼貌地说"请稍等"并马上转接过去。

图4-7　接待礼仪

图4-8　前台接待礼仪

知识储备三　前台接待注意事项

1. 离座和外出

前台接待人员工作的特殊性决定了其离座不应该太久，一般不能超过10min。如果因为特殊原因需要外出时，应该先找好替代人，并交待清楚。

2. 严守工作时间

前台接待人员应该严格遵守作息时间，一般情况下，应该提前5~10min到岗，下班应该推迟20~30min。

3. 闲谈与交谈

前台人员应该尽量避免长时间的私人电话占线，更不应该出现在前台与其他同事闲谈的场面。

4. 注意礼节、讲究原则

接待要讲究礼貌，要克服"服务工作低人一等"的思想，要认识到尊重宾客就是尊重自己，所以要在接待中既坚持原则，又要注意礼貌。

5. 一视同仁、举止得当

礼仪接待的对象都必须给予热情的对待，不能看客施礼，更不能以貌取人，必须以优质接待服务来取得客户的信任与认可，使他们乘兴而来，满意而归。

6. 严于律己、宽于待人

接待服务工作中，客户可能会提出一些无理甚至是失礼要求，应耐心地加以解释，宽容待人。

技能训练　接待礼仪

1. 准备工作（表4-6）

表4-6　接待礼仪训练准备工作

场 地 准 备	工 具 准 备	课 堂 布 置	教 师 要 求
5把椅子/组 2张桌子/组 汽车实训车间	实训用车2辆	5人/组，4组 按小组坐	着职业装

2. 分组讨论

结合4S店前台接待岗位的要求，分组讨论汽车4S店内前台接待人员在接待客户时应该怎样做，对比目前4S店的实际状况进行讨论。小组内记录员对组员的谈论进行记录，并汇总到表4-7中。

表4-7　对比表

现　　　实	标　　　准	改　　　进

3. 模拟练习

小组内部根据接待礼仪要求相互指导，并结合4S店汽车商务人员前台接待岗位的工作环境与要求，进行模拟练习。

4. 展示评比

小组内部推选两名同学，创设相关商务情景，进行引领展示，各小组长与教师组成评委组，对除本组以外的其他小组进行评分，时间为5min。

5. 评价表（表4-8）

表4-8　接待礼仪评价表

评 价 项 目	情景展示 （2分）	动作标准 （4分）	体态自然 （2分）	表情到位 （2分）	总分 （10分）	
评 价 标 准	符合岗位要求	动作到位	身体配合 自然大方	表情自然	自评（　　）	互评（　　）
第　　　组						
点 评 记 录	优点					
	缺点					

6. 自我总结

_____

_____

_____

_____

活动三 》 环车检查礼仪

环车检查是售后服务的重要环节，要求服务顾问在掌握环车检查流程的同时注意礼仪规范。得体的举止、言谈是获得客户好感和信任不可缺少的条件。所以，服务顾问具备礼仪知识和技能技巧，能有效地提高自身的职业素养，塑造专业形象，给业务交往中的对象留下规范、严谨、专业、有力的良好印象，从而形成企业独特的竞争优势。

知识储备一 环车检查流程

1）接待客户。

2）检查车辆外观。

3）检查车辆内饰件/控制部件，记录里程表读数，对照文件上的各项记录检查里程表，打开发动机罩锁扣。

4）检查车辆前端。

5）检查发动机舱。

6）检查车辆右前侧。

7）检查车辆右后侧。

8）检查行李舱。

9）检查车辆左后侧。

10）请客户签字确认。

11）送客户到休息室。

知识储备二 环车检查礼仪要点

汽车进入售后服务中心后，客户接待问诊是与客户直接接触的重要环节。在这个环节里，客户将直接体验到服务的质量。因此，高效、快捷、热情、周到地接待客户，专业、快速、准确地诊断故障，会使客户感受到服务顾问的专业、优质的服务，从而增强客户对服务顾问的信任感。因此要求服务顾问做到以下几点。

1. 接待客户

1）服务顾问接待客户时要面带微笑、以礼仪站姿接待、对客户要用尊称、目光注视客户。

2）服务顾问接待客户时，要及时，声音洪亮、充满激情、吐字清晰，以立正站姿进行自我介绍并双手递接名片，如图4-9所示。

3）环车检查时，服务顾问要用标准话语，如"您好！很高兴为您服务，我是服务顾问××。""请问怎么称呼您？""您这次来是维修还是维护？""您有预约吗？"

2. 检查车辆外观

1）引领客户到车旁时，服务顾问要在客户左前方引领、目光注视客户、面带微笑、语音语调亲切自然、和客户保持0.5～1m的距离、右手持物，左手做引导动作。

2）引领客户时要吐字清晰、标准走姿，引领客户到车旁，左手打开左前车门，如图4-10所示。

图4-9　接待客户礼仪

图4-10　检查车辆礼仪

3）服务顾问要用标准话语，如"请您跟我一起检查您爱车的外观，并做登记，行吗？"

3. 检查车辆内饰

1）服务顾问要面带微笑、语音语调适中、礼仪蹲姿。

2）内饰检查时，将"环车检查单"轻放于仪表板上。铺脚垫，蹲姿套座椅套，双手抚平。上车时，女士双腿并齐同时进入驾驶室，坐姿端正。女士下车，双腿并齐，双腿先出，下车后关车门，再引领客户。检查车辆内饰如图4-11所示。

3）服务顾问要用标准话语，如"在维修过程中为保护您的爱车，我给您的车免费铺上四件套，好吗？""我来登记一下里程数和油表，请稍等。""请您跟我到车前端进行检查。"

4. 检查车辆前端

1）服务顾问要注意引导手势、目光时刻关注客户、礼仪蹲姿、语音语调适中、礼仪站姿。

2）服务顾问在检查车辆前端时，要五指并拢，指向损伤部位，低位示意，蹲姿检查，如图4-12所示。

图4-11　检查车辆内饰礼仪

图4-12　检查车辆前端礼仪

3）服务顾问要用标准话语，如"请看这里，有一块漆掉了，请问这次需要修补吗？您看呢？"

5. 检查发动机舱

1）服务顾问要用礼仪手势进行引导，缓慢打开发动机舱盖，在检查机油过程中，不要洒落机油。

2）检查发动机舱时，右手开发动机舱盖，并做保护。讲解零部件时，五指并拢，如图4-13所示。

3）服务顾问要用标准话语，如"天气变化了，油、水需要免费检查一下吗？""好的，检查的结果我会告诉您的。"

6. 检查车辆右前侧

1）服务顾问要在客户左前方引领、目光注视客户、面带微笑、语音语调亲切自然、和客户保持0.5～1m的距离、右手持物、左手做引导动作。

2）检查车辆右前侧时，服务顾问要五指并拢，指向磨损部位。

3）服务顾问要用标准话语，如"车右侧前轮胎磨损严重，快要达到极限了，行车有安全隐患，需要更换，产生的费用和所需时间等一下我报给您，您看可以吗？""您这边请。"

7. 检查车辆右后侧

1）服务顾问要在客户左前方引领、目光注视客户、面带微笑、语音语调亲切自然、和客户保持0.5～1m的距离、右手持物，仔细询问并做记录。

2）引领客户时，要遵循"以右为尊"的原则；面带微笑、五指并拢。询问客户的需求时，目光应注视客户的面部三角区。做蹲姿检查时，高腿位朝客户，用左手持工单夹，如图4-14所示。

图4-13　检查发动机舱礼仪　　　　　图4-14　检查车辆右后侧礼仪

3）服务顾问要用标准话语，如"换下来的旧件您需要带走吗？""需要为您免费洗车吗？""洗车大约需要30min。"

8. 检查行李舱

1）服务顾问要在客户左前方引领、目光注视客户、面带微笑、语音语调亲切自然、和客户保持0.5～1m的距离、右手持物，仔细询问并做记录，如图4-15所示。

2）开行李舱时，右手开并做保护手势，力度适中。

3）服务顾问要用标准话语，如"方便打开您的行李舱吗？我需要检查一下随车工具。"

9. 检查车辆左后侧

1）服务顾问要在客户左前方引领、目光注视客户、面带微笑、语音语调亲切自然、和客户保持0.5～1m的距离、右手持物，仔细询问并做记录，如图4-16所示。

图4-15　检查行李舱礼仪　　　　　　图4-16　检查车辆左后侧礼仪

2）询问时，要语气柔和、吐字清晰、真诚服务、关注客户。

3）服务顾问要用标准话语，如"刚才您提到的维修需求，我已经登记好了。"

10. 请客户确认签字

1）服务顾问要在客户左前方引领、目光注视客户、面带微笑、语音语调亲切自然、和客户保持0.5～1m的距离、右手持物，仔细询问并做记录。

2）服务顾问在指向检查单时，五指并拢。签字递笔时，右手递笔、笔尖朝外，如图4-17所示。

3）服务顾问要用标准话语，如"这是检查结果，请您确认后，在这里签字。"

11. 送别客户

1）服务顾问要目光注视客户、面带微笑、语音语调亲切自然、和客户挥手告别，如图4-18所示。

图4-17　请客户确认签字礼仪　　　　图4-18　挥手告别礼仪

2）服务顾问在送别客户时目光要专注，望着客户离开的方向，右手五指并拢，在右耳旁前，手臂成弧形，微微挥手并做立正站姿。

3）服务顾问要用标准话语，如"张先生，感谢您对我的信任，我会竭诚为您服务的。""在维修过程中，如果发现什么问题，我会跟您保持联系。车交给我，请您放心。""您慢走，再见！"

知识储备三　环车检查前准备

维修人员的发型、服饰、工牌、工具包等按公司统一规定配搭，同时应该做到精神饱满、面带微笑。

1）工具齐全，准备鞋套、垃圾袋、抹布等。

2）着统一工装，并保持干净、平整，无异味、污渍和破损。

3）佩戴工作牌。

4）工具包统一跨在左肩并保持整洁。

5）了解派工的具体内容，要知道需维修客户的详细地址及需要维修的时间、维修项目，或公司承诺的维修时间，以及客户的其他需求，做到心中有数，以便提高工作效率。

6）要带好相关维修记录表格，或维修单据、收费单据等，以便让客户签字确认维修结果。

7）了解需要维修的产品是否在保修期或维修期内，以便确认是否需要收取相关费用。根据派工的要求，准备好维修产品所需要的各种工具。

技能训练　环车检查礼仪

1. 准备工作（表4-9）

表4-9　环车检查礼仪训练准备工作

场 地 准 备	工 具 准 备	课 堂 布 置	教 师 要 求
5把椅子/组 2张桌子/组 汽车实训车间	实训用车2辆 名片、文件夹、防护工具、 维修单	5人/组，4组 按小组坐	着职业装

2. 分组讨论

根据环车检查的步骤，小组内分工合作，讨论各个环节中需要注意的细节，记录员负责对讨论结果进行记录和汇总，形成书面报告，见表4-10。

表4-10　环车检查注意事项

步　骤	礼 仪 要 求
接待检查	
检查内饰	
检查前端	
检查发动机舱	
检查右前侧	
检查右后侧	
检查左后侧	
检查行李舱	
确认签字	
送客户休息	

3. 实战演练

根据上面讨论的汽车环车检查步骤中的礼仪要求进行实战演练。两个同学1组，1人作为销售顾问，另1人作为客户，进行环车检查介绍，其他同学作为评委对其环车检查礼仪进行指导，使动作标准、大方、优美，符合一名合格的销售顾问的要求。内部检查表见表4-11。

表4-11　内部检查表

存 在 问 题	改 正 方 法

4. 展示评比

小组内选出本组的最佳组合，进行展示，小组组长对本组之外的其他小组的展示进行评分，由小组组长和教师共同选出本任务的"环车检查之星"，时间为15min。

5. 评价表（表4-12）

表4-12　环车检查礼仪评价表

评价项目	表情流露（2分）	动作恰当（4分）	细节注意（2分）	情景展示（2分）	总分（10分）	
评价标准	表情大方自然	动作准确	注意手部和脚部等细节符合要求	符合岗位要求	自评（　）	互评（　）
第　　组						
点评记录	优点					
	缺点					

6. 自我总结

_____

_____

_____

活动四 ≫　结算与交车礼仪

在结算与交车时，要为客户提供满意的服务。在交车环节要让客户充分了解本次服务的具体项目，以及后续的注意事项，通过热情、专业、规范的交车来加深客户印象、提高客户满意度。

知识储备一　结算前准备

1）原负责接待的服务顾问确认车辆已完成维修项目后，及时与客户联系，确定最终的交车时间等事项。

2）服务顾问打印好结算单。

3）竣工车辆停放在竣工区，且车头朝向客户离开方向。

知识储备二　交车前检查礼仪

1. 交车检查

1）服务顾问需陪同客户检查完工车辆，并解释维修项目。

2）将旧件当面返还给客户。如果客户确定不将旧件带走，服务顾问可将其放在部门指定的地方。

3）服务顾问应用通俗易懂的语言向客户解释维修内容，并让客户在无异议的情况下在结算单上签字确认。

4）向客户确认电话回访的时间和形式，并做好记录。

2. 结算

1）服务顾问陪同客户到收银台结账。

2）收银员面带微笑接待客户，询问客户的结账方式（刷卡、现金、微信等）。

3）收银员复核费用单据是否正确，并打印付款结账凭证。提醒客户妥善保管所有凭证，同时提醒客户携带好随身物品。

4）结账后，收银员应向客户表示感谢，并祝客户生活愉快、出行平安。

5）服务顾问将打印好的有关单据交给客户，并在以后使用车辆方面给出建议。

知识储备三　交车及送别礼仪

图4-19　送别礼仪

服务顾问运用交车礼仪通知客户车辆已经完成维修并陪同客户提车。请客户核对、检查维修车辆，并当着客户的面取下防护工具。提醒客户下次维护日期和里程，提醒客户拿好钥匙，带好随身物品。

服务顾问请客户进入驾驶座位，引导行驶方向。服务顾问送客户到4S店门口，与客户道别，表示感谢，并欢迎下次光临，如图4-19所示。目送客户，直至看不到客户，方可离开。送走客户后将维修车辆资料整理保存。

技能训练　结算与交车礼仪

1. 准备工作（表4-13）

表4-13　结算与交车礼仪训练准备工作

场 地 准 备	工 具 准 备	课 堂 布 置	教 师 要 求
5把椅子/组 2张桌子/组 汽车实训车间	实训用车2辆 名片、文件夹、防护工具、 维修单	5人/组，4组 按小组坐	着职业装

2. 分组讨论

小组内讨论个人在买商品的时候，有哪些结算的行为令人感到不愉快。根据交车要求，讨论在客户结算和交车时的注意事项，进而讨论如何做才能让客户有一个愉快的消费体验。小组的记录员对组内讨论结果进行记录并汇总到表4-14中。

表4-14　车辆结算环节礼仪要求

结算时的不礼貌行为	车辆结算环节	车辆结算环节礼仪要求

3. 展示评比

教师示范如何进行车辆的结算和交车，学生进行模拟练习，组内相互指导。小组内部推选两名同学进行展示，小组组长对除本组以外的其他小组进行打分，选出本班的最佳组合，时间为15min。

4. 评价表（表4-15）

表4-15　结算与交车礼仪评价表

评价项目	表情流露（2分）	动作恰当（4分）	细节注意（2分）	情景展示（2分）	总分（10分）	
评价标准	表情大方自然	动作准确	注意手部和脚部等细节符合要求	符合岗位要求	自评（　）	互评（　）
第　　组						
点评记录	优点					
	缺点					

5. 自我总结

 ## 学习情景二　汽车商务销售顾问接待礼仪

学习目标

知识目标：掌握握手礼仪、交换名片礼仪、环车介绍新车礼仪的规范标准。

能力目标：掌握汽车销售过程中的礼仪和基本技巧。

情感目标：学生能够在汽车销售活动中不断提高工作质量，进而提升自身的综合素养。

情景导入

展厅汽车销售是按照汽车销售流程来进行的，销售人员需要遵循每一个环节的礼仪规范和服务标准，才能使客户体会到高品质的服务，使客户满意。那么，怎样赢得客户的尊重、信任和好感就成为每一位汽车销售顾问要攻克的课题。

活动一 》 握手礼仪

握手是现在生活交往中用得最多的也是最常见的一种行为，尤其是在商务人员的日常交往中，握手已成为见面时最常用的一种礼仪。

知识储备一　握手次序

在正式场合，握手时伸手的先后次序主要取决于职位、身份。

一般来说，长者与晚辈握手时，应由长者先伸手；上级与下级握手时，由上级先伸手；女士与男士握手时，由女士先伸手，如果女士不伸手、无握手之意，男士点头致意即可。已婚者和未婚者握手时，由已婚者先伸手。在社交场合，先到者和后到者握手时，由先到者先伸手；客人到达时，由主人主动握客人的手；客人告辞时，则由客人先伸手。

一人需要与多人握手时，要遵循由尊而卑的顺序。在社交、休闲场合，握手次序主要考虑年纪、性别等因素，年长者、女士优先；在公务场合，则更看重身份、职务，高者优先。同时，与人握手时，要注意与对方互动。若伸手过早，有可能陷入被动；若伸手过迟，则会显得高傲无礼。

知识储备二　握手姿态

图4-20　单手相握

　　握手的标准方式是行至距离握手对象约1m处，双腿立正，上身略向前倾，伸出右手（四指并拢，拇指张开）与对方相握。握手时应用力适度，上下稍许晃动3～4次，随后松开手来，恢复原状。若和女士握手，不要满手掌相触，而是轻握女士手指部位即可，如图4-20所示。

　　在握手时，手的位置至关重要，常见的手位有两种。

1. 单手相握

　　以右手单手与人相握是最常用的握手方式。进而言之，单手与人相握时，手掌垂直于地面最为适当。它被称为"平等式握手"，表示自己不卑不亢。

　　与人握手时掌心向上，表示自己谦恭、谨慎，这一方式是"友善式握手"。

　　与人握手时掌心向下，表示自我感觉良好、以我为主，这一方式是"控制式握手"。

2. 双手相握

图4-21　双手相握

　　双手相握即用右手握住对方右手后，再以左手握住对方右手的手背，如图4-21所示。这种方式适用于亲朋故旧之间，可用以表达彼此间的深厚情谊。一般而言，此种方式的握手不适用于初识者与异性，因为它有可能被理解为讨好或失态。这一方式，有时亦称"手套式握手"。双手相握时，左手除握住对方右手手背外，还有人以之握住对方右手手腕、握住对方右手手臂、按住或拥住对方右肩，这些做法除非是面对至交，最好不要滥用。

知识储备三　握手方式

1. 神态

　　与人握手时神态应专注，面带微笑、热情、友好、表情自然。

2. 力度

　　握手时用力应适度，不轻不重，恰到好处。如果手指轻轻一碰，刚刚触及就离开，或是懒懒地、慢慢地相握，缺少应有的力度，会给人勉强应付、不得已而为之之感。

3. 时间

　　握手通常是握紧后打过招呼即松开。握手的时间通常是3～5s。

知识储备四　握手禁忌

　　握手禁忌如下：

　　1）不要用左手与他人握手。

　　2）不要在握手时戴着手套或墨镜（女士在社交场合戴着薄纱手套握手是被允许的）。

　　3）不要在握手时另外一只手插在衣袋里或拿着东西。

　　4）不要在握手时面无表情、不置一词或长篇大论、点头哈腰，过分客套。

　　5）不要在握手时仅握住对方的手指尖，好像有意与对方保持距离。正确的做法是握住整个手掌，即使对异性，也要这么做。

6）不要在握手时把对方的手拉过来、推过去，或者上下左右抖个没完。

7）不要拒绝和别人握手，即使有手疾或汗湿、弄脏了，也要和对方说明"对不起，我的手现在不方便"，以免造成不必要的误会。

技能训练 握手礼仪

1. 准备工作（表4-16）

表4-16 握手礼仪训练准备工作

场 地 准 备	工 具 准 备	课 堂 布 置	教 师 要 求
5把椅子/组 2张桌子/组 汽车实训车间	1面试衣镜	5人/组，4组 按小组坐	着职业装

2. 分组讨论

分组讨论握手礼仪的要求，结合4S店岗位的要求，讨论汽车商务人员的握手规范，见表4-17。

表4-17 握手规范

	握手姿态	握手时间	握手次序	握手力度	握手禁忌
双 手					
单 手					

3. 模拟演练

根据不同的握手姿势的要求，创设相关的情景，对不同的握手姿势和握手场合进行模拟演练，记录握手过程中出现的问题，并提出相关的整改措施，见表4-18。

表4-18 相关问题及整改措施

相 关 问 题	整 改 措 施

4. 展示评比

小组内部推选两名同学，创设相关商务情景，进行标准握手礼仪展示，时间为5min。

5. 评价表（表4-19）

表 4-19

评 价 项 目	情景展示（2分）	动作标准（4分）	体态自然（2分）	表情到位（2分）	总分（10分）	
评 价 标 准	符合岗位需求	动作到位	身体配合 自然大方	表情自然	自评（ ）	互评（ ）
第 　 组						
点 评 记 录	优点					
	缺点					

6. 自我总结

_____

_____

活动二 ➤➤ 交换名片礼仪

名片是现代人交往中一种必不可少的联络工具，成为具有一定社会性、广泛性，便于携带、使用、保存和查阅的信息载体之一。在人际交往中，名片不但能推销自己，也能很快地助你与对方熟悉。现代名片是一种经过设计、能表示自己身份、便于交往和开展工作的卡片。名片不仅可以用作自我介绍，而且还可用作祝贺、答谢、拜访、备忘、访客留话等。

知识储备一　递送名片

交换名片要把握时机，注意技巧。初次相识，可在刚结识时递上自己的名片，并将自己的姓名自信而清晰地说出来，具体礼仪要求如下。

1. 面带微笑，注视对方

要勇敢直视对方的眼睛，展示出自己的自信，让自己神采飞扬，如图4-22所示。

2. 将名片的正面朝向对方

要将名片的正面的正方向对着对方，因为这是要站在对方的角度看的，如图4-23所示。在递送名片时，将名片的正面的正方向对着自己是不礼貌的行为。

图4-22　递送名片（1）

图4-23　递送名片（2）

3. 握角方式

用双手的拇指和食指分别持握名片上端的两角再递送给对方，如图4-24所示。若只有一只手有空闲时（如手上拎着包），则应用右手递送。

4. 起位递送或欠身递送

如果自己是坐着的，应该起立递送或者欠身递送，以示对对方的尊重。双方应在比较一致的高度上，如图4-25所示。

图4-24　递送名片（3）

图4-25　递送名片（4）

5. 递送说客气话

递送时应该说一些客气话，如"这是我的名片，很高兴认识您"，如图4-26所示。这是中国礼节上的要求，在递送名片时很重要。

知识储备二　接收名片

1. 态度谦和

接收名片时应起身或欠身，面带微笑，用双手接住名片的下方两角，接过名片后应致谢或说"能得到您的名片，真是十分荣幸"等。

图4-26　递送名片（5）

2. 认真阅读

接过名片认真地看一遍以示对对方的重视，可将对方的姓名、职务念出声来，并抬头看看对方的脸，使对方产生一种受重视的满足感，若有不会读的字，应当场请教。

3. 精心存放

应将收到的名片谨慎地置于名片夹、公文包、办公桌、上衣口袋或其他稳妥的地方，且应与本人名片区别放置。切忌接过对方的名片一眼不看就随手放在一边，或放到裤袋里，也不要在手中随意玩弄、随便拎在手上、在手中搓来搓去、当场便在名片上书写或折叠，否则会伤害对方的自尊，影响彼此的交往。

4. 有来有往

接受对方名片后，如没有名片可交换，应向对方表示歉意、主动说明，告知联系方式："很抱歉，我没有名片""对不起，今天我带的名片用完了，过几天我会寄一张给您"，切忌毫无反应。

知识储备三　索取名片

依照惯例，最好不要直接开口向他人索要名片。但若想主动结识对方或者有其他原因有必要索取对方名片时，可相机采取下列办法。

1. 互换法

以名片换名片，可谓"投石问路"，在主动递上自己的名片后，对方按常理会回给自己一张他的名片。如果担心对方不回送，可在递上名片时明言此意："能否有幸与您交换一下名片？"

2. 暗示法

用含蓄的语言暗示对方。例如，向尊长索要名片时可说："请问今后如何向您请教？"向平辈或晚辈表达此意时可说："请问今后怎样与您联络？"

3. 主动法

可主动提议："*先生，我们交换一下名片吧"，而不是单方面索要。面对他人的索取，不应直接加以拒绝。如确有必要这么做，则需注意分寸。最好向对方表示自己的名片刚用完，或说自己忘了带名片。

知识储备四　递名片顺序

交换名片的顺序一般是"先客后主，先低后高"，即地位低的先交给地位高的，年轻者先把名片交给年长者，客人先把名片交给主人。不过，假如是对方先拿出来，也不必谦让，应该大方收下，然后拿出自己的名片来回赠。当与多人交换名片时，应依照职位高低的顺序，或是由近及远依次进行，切勿跳跃式进行，以免对方产生"厚此薄彼"的误会。

技能训练　交换名片礼仪

1. 准备工作（表4-20）

表4-20　交换名片礼仪训练准备工作

场地准备	工具准备	课堂布置	教师要求
5把椅子/组 2张桌子/组 汽车实训车间	10张名片	5人/组，4组 按小组坐	着职业装

2. 分组讨论

交换名片礼仪的要求见表4-21。

表4-21　交换名片礼仪的要求

场　合	姿　势	语　言	其　他
递送名片			
收取名片			
索要名片			
其他			

3. 展示评比

根据讨论的不同情况下名片的递送、收取和索要礼仪，创设情境，进行模拟演练，小组内部相互指导。每组推荐两名同学进行情景模拟，小组组长对本组以外的其他小组进行评分，选出本节课的最优组合，时间为10min。

4. 评价表（表4-22）

表4-22　交换名片礼仪评价表

评 价 项 目	表情流露（2分）	动作恰当（4分）	细节注意（2分）	情景展示（2分）	总分（10分）	
评 价 标 准	表情大方自然	动作准确	注意手部和脚部等细节符合要求	符合岗位要求	自评（　）	互评（　）
第　　组						
点 评 记 录	优点					
	缺点					

5. 自我总结

活动三 》》　环车介绍新车礼仪

新车展示是通过全方位展示车辆来突显车辆的品牌特点，使客户近距离感受车辆带来的视觉冲击，确信产品物有所值，为促成交易奠定基础。环车介绍时销售人员的礼仪尤为重要，良好的礼仪会增强客户对销售人员的信任度，提高成交率。

知识储备一　新车展示程序

在新车展示环节，汽车销售人员多采用六方位绕车法向客户介绍车辆，顺序如下：

1）车正前方——介绍汽车品牌历史、所获奖项、正面设计、尺寸等。

2）车右侧方——介绍车侧身流线、安全性、底盘设计等。

3）车后方——介绍尾部设计、行李舱空间等。

4）车后排——介绍车后排空间、儿童锁等。

5）车驾驶室——介绍中控设计、电子设备、安全设备、操控性。

6）车发动机舱——介绍发动机、油耗、变速器等。

知识储备二　新车介绍礼仪

汽车销售人员引导客户到展车旁边，向客户介绍车辆时要面带微笑，得体地运用手势对车辆进行介绍。具体礼仪见表4-23。

表4-23　新车介绍礼仪

站　姿	抬头，目视前方，收腹挺胸，双肩放平，双臂自然下垂，双脚并拢，也可两脚分开，不超过肩宽，双手合起，放于腹部或背于身后
行　姿	步伐从容，步幅适中，步速均匀，双臂自然摆动，抬头挺胸，目视前方
蹲　姿	一脚在前，一脚在后，两腿向下蹲，前脚全脚掌着地，小腿垂直地面，后脚脚跟提起，臀部向下

1. 介绍展车正前方

1）汽车销售人员在和客户交流时要目光柔和，面带微笑；和客户保持0.5～1m的距离，以礼仪站姿引导。

2）汽车销售人员在介绍车辆时吐字要清晰，语音、语调适中，引领客户到车正前方处，标准站姿站好，五指并拢指向车身，如图4-27所示。

3）介绍时，汽车销售人员要运用标准礼仪话语，如"现在我来为您介绍一下这款车，好吗？"介绍标志设

图4-27　介绍展车正前方

计代表的意义时可采用以下话术："您看，大气的一体式进气格栅，是大众家族特有的标志。""它使整个车身显得气宇轩昂，彰显尊贵，非常符合您的身份。"

2. 介绍展车右侧方

1）汽车销售人员在指引时应五指并拢，大方伸手；目光柔和，面带微笑；语音、语调适中；和客户保持0.5～1m的距离，以礼仪站姿引导，如图4-28所示。

2）销售顾问在介绍时要动作舒展流畅，指向车身线条时，目光跟随手势与线条一致，五指并拢。女士蹲姿时，靠近客户一侧为高腿位，上身挺拔。

图4-28　介绍展车右侧方

3）汽车销售人员在介绍时要运用标准礼仪话语，如"您这边请。""侧面设计流畅典雅，腰线从前到后，舒畅自然，贯穿始终。裙线、顶线和腰线相互呼应，使整个车身感觉蓄势待发，更为动感。"

3. 介绍展车后方

1）汽车销售人员在指引时应五指并拢，大方伸手；目光柔和，面带微笑；语音、语调适中；和客户保持0.5～1m的距离，以礼仪站姿引导，如图4-29所示。

2）汽车销售人员在和客户交流时，目光要注视在客户两眼与鼻尖组成的三角区域内，观察客户的兴趣点。介绍行李舱，开启时，靠近客户的手臂，做保护示意动作。

图4-29　介绍展车后方

3）汽车销售人员在介绍时要运用标准礼仪话语，如："分体式尾灯采用了LED灯组，夜间行车时明亮醒目，能有效提醒车距，保证了您的行车安全。""打开行李舱时，您可以看到开启的角度很大，方便您取放物品，不必担心会碰头。""行李舱非常平整宽大，容积达到565L，能轻松放下大件物品。""请当心，我要关行李舱了。"

4. 介绍展车后排

1）汽车销售人员在指引时应五指并拢，大方伸手；目光柔和，面带微笑；语音、语调适中；和客户保持0.5～1m的距离，以礼仪站姿引导，做下蹲动作时靠近客户的腿在上，如

图4-30所示。

2）汽车销售人员在给客户开车门时，应右手拉门把手，左手扶车门框尖角处，防止客户碰头。

3）汽车销售人员在介绍时要运用标准礼仪话语，如"您这边请，到后排感受一下。""请，您当心碰头。""您体验一下宽大的后排乘坐空间。""当您长途乘坐时，腿部有很大的活动空间，不易疲劳，给您带来舒适尊贵的感受。"

图4-30 介绍展车后排

5. 介绍展车驾驶室

汽车销售人员在介绍车辆驾驶室时，要先将驾驶室座椅调到最低位置；转向盘调到最高位置，以方便客户进入；接下来运用得体手势，请客户坐进驾驶室。具体礼仪要求有以下几点：

1）汽车销售人员在指引时应五指并拢，大方伸手；目光柔和，面带微笑；语音、语调适中；和客户保持0.5～1m的距离，以礼仪站姿引导，如图4-31所示。

2）汽车销售人员在开车门时，应右手拉门把手，左手扶车门框角尖处。女士蹲姿时，靠近客户的腿为高位。右手指向转向盘处，五指并拢，如图4-32所示。

3）汽车销售人员在介绍时要运用标准礼仪话语，如"这是一个多功能转向盘，带有换档拨片，就像开赛车一样，给您带来更多的驾驶乐趣。""这个座椅可以调到最贴合您腰背部的位置，就像专门为您设计的一样，乘坐起来非常舒适"。

图4-31 介绍展车驾驶室（1）

图4-32 介绍展车驾驶室（2）

6. 介绍展车发动机舱

1）汽车销售人员在指引时应五指并拢，大方伸手；目光柔和，面带微笑；语音、语调适中；和客户保持0.5～1m的距离，以礼仪站姿引导。

2）汽车销售人员在介绍时应目光专注、运用专业语言。开、关发动机舱盖时，靠近客户的手应做保护示意动作。

3）汽车销售人员在介绍时要运用标准礼仪话语，如"发动机舱布局合理，3个缓冲区大大减少了撞击力，这样会给您的安全带来更大的保障。"

知识储备三 **展示前准备**

新车展示前，销售人员应当做好接待客户的各种礼仪准备。

1）着正装、佩戴工作牌、携带名片，准备好产品介绍单页。

2）转向盘置于最高位置。

3）所有靠背放直。

4）驾驶人座椅尽量向后调，前排乘员座椅尽量向前调。

5）座椅高度调到最低位置。

技能训练　新车介绍礼仪

1. 准备工作（表4-24）

表4-24　新车介绍礼仪训练准备工作

场地准备	工具准备	课堂布置	教师要求
5把椅子/组 2张桌子/组 汽车营销实训车间	2辆实训用车 配套的车辆介绍单页	5人/组，4组 按小组坐	着职业装

2. 分组讨论

分小组讨论新车介绍流程中的礼仪要求，区分各个环节中环车介绍和环车检查的区别，小组记录员负责整理和汇总讨论结果，并形成书面报告，见表4-25。

表4-25　环车介绍和环车检查对比

方　位	环车介绍	环车检查
车前方		
车右侧方		
车后方		
车后排		
驾驶室		
发动机舱		
二者异同		

3. 模拟演练

根据新车介绍的流程，以实训车辆为道具，创设情境，1人扮演销售顾问，组内其他同学扮演客户，进行新车介绍。介绍完毕后，小组内同学对本次新车介绍做评价，并指出本次新车介绍中出现的问题，针对问题进行改正。记录员对问题和改正措施进行记录，汇总到表4-26中。

表4-26　问题及改正措施记录表

出现问题	整改措施

4. 展示评比

小组内部推选两名同学进行六方位绕车介绍产品的演练。根据评分标准，小组组长对除本组以外的其他小组进行打分评价，选出本节课的最佳组合，教师对本节课进行总结和评价，时间为20min。

5. 评价表（表4-27）

表4-27　新车介绍礼仪评价表

评价项目	动作恰当（4分）	细节注意（3分）	情景展示（3分）	总分（10分）	
评价标准	大方，恰当	得体	符合岗位要求	自评（　）	互评（　）
第　　组					
点评记录	优点				
	缺点				

6. 自我总结

学习情景三　汽车商务休息区接待礼仪

学习目标

知识目标：掌握奉茶及休息区接待礼仪。

能力目标：能在汽车销售过程中运用奉茶及接待礼仪和基本技巧。

情感目标：学生能够提升在汽车销售活动中的工作质量，进而提升自身的综合素养。

情景导入

　　一个好的接待员既要会展现亲切灿烂的笑容，又要会使用温馨合意的招呼语，还要全面了解和掌握现实服务的功能。客户的到来是每个公司最期待的事情，这些人都是公司的重要合作伙伴，作为接待人员要掌握好接待礼仪，让客户有宾至如归的感觉。

活动一 》》 奉茶礼仪

　　在礼仪之邦的中国，以茶待客的礼仪是必不可少的。奉茶礼仪在接待过程中占重要地位，会直接影响到后续工作的进展。

知识储备一　奉茶前准备

奉茶前要检查以下方面是否做到位：

1）空气是否流通，休息室是否有异味。

2）地上是否有烟灰、纸屑。

3）会客桌是否干净。

4）沙发是否整洁。

知识储备二　奉茶顺序

　　给客人递送茶时最好用托盘，手不可触杯面，奉茶时应：先为客人上茶，后为主人上茶；先为主宾上茶，后为次宾上茶；先为女士上茶，后为男士上茶；先为长辈上茶，后为晚辈上茶。

　　如果来客甚多，且其彼此之间差别不大时，可采取下列4种顺序上茶：

1）以上茶者为起点，由近而远依次上茶。

2）以进入休息室之门为起点，按顺时针方向依次上茶。

3）在上茶时以客户的先来后到为先后顺序。

4）上茶时不讲顺序，或是由饮用者自己取用。

知识储备三　**奉茶方法**

汽车接待人员标准的奉茶步骤：

1）双手将茶逐一端送给客户，或者用左手托着茶盘，右手将茶端给客户。

2）端茶给客户时，要先给坐在上座的重要宾客，然后顺序依次上茶。

3）从客户的右后方双手将茶杯递上去，并说："请喝茶"。

4）茶杯放置到位之后，杯耳应朝向外侧。若使用无杯托的茶杯上茶时，应双手奉上茶杯，如图4-33所示。

图4-33　奉茶

知识储备四　**续茶时机**

往高杯中续茶水时，左手的小指和无名指夹住高杯盖上的小圆球，用大拇指、食指和中指握住杯把，从桌上端下茶杯，腿一前一后，侧身把茶水倒入客户杯中，以体现举止的文雅。续茶时要注意以下几点。

1. 量

无论是大杯还是小杯，都不宜倒得太满，太满了容易溢出，把桌子、椅子、地板弄湿，也可能会烫伤自己或客户，使宾主都很难为情。当然，也不宜倒得太少，倘若茶水刚遮过杯底就端给客户，会使人感到缺少诚意。

2. 勤

如果客户的杯子里需要添茶了，要及时为客户添茶。添茶的时候要先给客户添茶，最后给自己添。

3. 主随客便

为客户续水让茶一定要讲主随客便，切勿神态做作，频繁地以斟茶续水打断客户的讲话。

4. 不妨碍对方

上茶时应以右手端茶，从客户的右方奉上，并面带微笑、眼睛注视对方。

技能训练　**奉茶礼仪**

1. 准备工作（表4-28）

表4-28　奉茶礼仪训练准备工作

场 地 准 备	工 具 准 备	课 堂 布 置	教 师 要 求
5把椅子/组 2张桌子/组	茶具两套	5人/组，4组 按小组坐	着职业装

2. 分组讨论

分组讨论奉茶的要求，结合汽车商务人员的工作讨论奉茶时应注意哪些问题，并汇总到表4-29中。

表4-29 奉茶注意事项

奉 茶 方 法	奉 茶 顺 序	奉 茶 时 机	其 他

3. 模拟演练

根据奉茶礼仪内部相互指导，结合汽车商务人员的工作假设工作情景，进行模拟。

4. 展示评比

各小组内部推选两名同学模拟相关场景，对奉茶礼仪进行展示，各小组组长对其进行打分，时间为10min。

5. 评价表（表4-30）

表4-30 奉茶礼仪评价表

评价项目	表情流露（2分）	动作恰当（4分）	细节注意（2分）	情景展示（2分）	总分（10分）	
评价标准	表情大方自然	动作准确	注意手部和脚部等细节符合要求	符合岗位要求	自评（ ）	互评（ ）
第 组						
点评记录	优点					
	缺点					

6. 自我总结

_____

_____

_____

活动二 » 客户休息区礼仪

待客应对最多的地方是休息区，服务人员的接待技巧将直接影响客户对公司的印象。所以，提高服务人员的个人综合素质尤为重要。

知识储备一　准备工作

1）打开计算机、电视、饮水机、空调等所有电器的电源开关。

2）整理书籍、报纸，并保证报纸存留有最近3天内发行的。

3）保证室温在18～28℃之间，冬季不得低于18℃，夏季不得低于25℃，如图4-34所示。

图4-34　客户休息区

知识储备二　接待礼仪

1）接待客户要面带微笑，主动问好。

话术："您好！这里是客户休息室，请您在这里休息。"（图4-35）

2）针对现有的服务项目对客户加以引导（做标准手势）。

话术："我们这里有计算机区、影视区，并备有杂志和报刊，您可以自由选择。"

3）待客户就座后询问客户需要提供什么饮品，并按要求供给，如果没有其所需饮品应语气柔和地向客户解释清楚。

话术："您好，我们这里有免费饮品（两冷两热，给客户4种饮品选择），请问您想喝点什么？"

每间隔15min为客户续杯一次，每次续杯不宜过满。

4）在向客户问候或与之对话时，要停下手中的工作，使用礼貌用语，要等客户把话说完，不要打断客户的讲话。

图4-35　接待礼仪

5）当客户一个人在看电视时，若感觉客户无心看电视，可以询问客户有什么可以帮助的，尽量让客户感觉到我们的关怀。

6）若与客户有争议，可婉转解释或请上级处理，切不可与客户争吵。

7）客户离开时，应礼貌送别，并提醒客户带好随身物品。

话术："请带好您的随身物品。欢迎下次光临，再见！"

知识储备三　休息区要求

温馨舒适的休息区、高雅愉悦的背景音乐可使客户消除疑虑和戒备。这就要求休息区要做到：

1）保持地面干净、整洁。

2）客户离去时及时清理桌面、保持整洁，座椅、沙发归放整齐。

3）垃圾桶保持清洁，无垃圾外溢（垃圾桶里的垃圾不得超过垃圾桶容积的2/3）。

4）及时给客户提供茶水，并做到及时补充。

技能训练　休息区接待礼仪

1. 准备工作（表4-31）

表4-31　休息区接待礼仪准备工作

场 地 准 备	工 具 准 备	课 堂 布 置	教 师 要 求
5把椅子/组 2张桌子/组	茶具、报刊等	5人/组，4组 按小组坐	着职业装

2. 分组讨论

分组讨论休息区接待要点，并结合汽车商务人员的工作讨论汽车商务人员在接待客户时应注意哪些问题。

3. 模拟演练

结合汽车商务人员的工作，假设工作情景，进行模拟。

4. 展示评比

小组内部推选两名同学模拟相关场景进行展示，各小组组长对其进行评分，时间为10min。

5. 评价表（表4-32）

表4-32　休息区接待礼仪评价表

评价项目	表情流露 （2分）	动作恰当 （4分）	细节注意 （2分）	情景展示 （2分）	总分 （10分）	
评价标准	表情大方自然	动作准确	注意手部和脚部等细节符合要求	符合岗位要求	自评（　）	互评（　）
第　　组						
点评记录	优点					
	缺点					

6. 自我总结

_____

_____

_____

【思维拓展】 扫描二维码收听故事，回答问题。

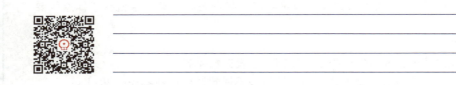

_____

_____

_____

_____

_____

学习领域五
汽车商务社交礼仪

　　一个人要想在职场上获得成功，一个企业要想生存和发展，皆离不开商务交往。商务交往中，除了遵守与人为善、守信重义等众所周知的规则外，遵守社交礼仪也是顺利进入职场的重要条件。

　　汽车商务社交礼仪包括拜访礼仪、宴请礼仪、乘车礼仪和涉外礼仪，它是汽车商务人员需要掌握的基本的礼仪规范，更是衡量汽车商务人员基本素质的重要指标。掌握正确的商务社交礼仪，能使汽车商务人员展现良好的自我修养，增强与客户的沟通能力，从而有效地推进商务活动顺利进行。汽车商务人员社交礼仪主要指的是拜访他人时的技巧与方法，涉及不同商务宴请时的礼仪与礼貌、商务乘车中的规则与礼貌和出国访问及接待外宾时的礼节等内容。

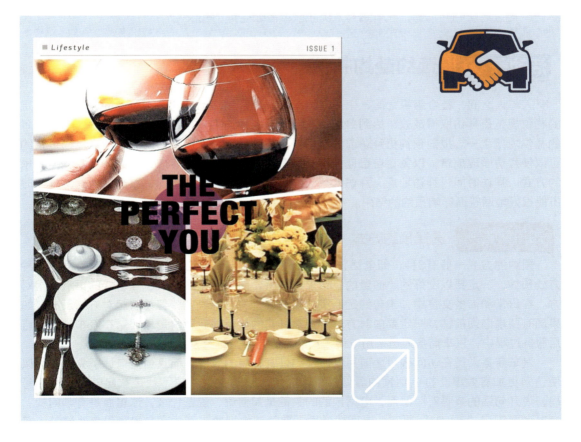

学习情景一　汽车商务拜访礼仪

学习目标

知识目标：通过学习，学生能够准确掌握汽车商务人员在不同社交场合的拜访礼仪。

能力目标：通过模拟训练，学生能够结合情景熟练运用商务社交中的拜访礼仪。

情感目标：学生能够发自内心地认同商务社交的拜访礼仪，进而提升自身的素质和修养。

情景导入

小季从L市某职业学院毕业，经过面试，顺利进入了L市某汽车4S店做汽车销售顾问。经过一段时间的工作，小季好不容易争取到一名潜在客户的登门拜访机会，那天，小季如约到客户家里。刚进门，客户请他坐下之后一言不发地看着小季，而小季赴约前没有做好充分的准备，被客户看得心里发毛以至于紧张得不知道该说些什么，紧接着客户的一句"我还有事，有什么要说的赶紧说"令小季更加紧张。最后，拜访以小季仅留下了汽车资料而未与客户进行很好的沟通结束。因为错失了一个潜在客户，小季懊悔不已。那么对于商务拜访，汽车商务人员应该掌握哪些拜访礼仪呢？

活动一 >> 预约赴约礼仪

人与人之间、社会组织之间、个人与组织之间，拜访活动都是必不可少的，而遵循一定的礼仪规范是拜访取得成效、达到目的的关键所在。拜访客户前，务必提前预约，这是基本的礼仪规范之一。提前预约指拜访前向客户提出拜访的恳请，以征得对方的同意。通过预约可以使拜访顺理成章，以免让自己成为不速之客。预约前，拜访者应做好充分准备，需将预约方式、拜访时间、拜访地点、拜访人数、拜访主题等问题考虑周详，以避免当对方提问时不能很好地回答而影响预约的结果。

知识储备一　选择预约方式

预约的方式一般有3种，即电话预约、书面预约及当面预约。无论拜访者准备采用哪种方式预约，一定要以友好的、商量的、请求的语气，而不能以命令式、强求式的语气要求对方。在日常和商务交往中，未曾约定而突然到访属于失礼的表现，容易引起对方的反感；如果确有要事必须前往，一定要向对方表示突然拜访的歉意并解释清楚原因。在汽车销售及售后服务过程中，汽车商务人员采用电话预约的方式与客户进行预约最为常见。

汽车商务人员在访问客户之前用电话预约是有礼貌的表现，而且通过电话事先预约可以使访问更加有效率。打电话预约看似简单，有的人也许会说："不就是拿起电话，一拨号码，说几句话的事吗？"然而，电话预约的关键是如何说、说些什么，这里面是有学问的。打电话要牢记"5W1H"原则。电话拨通后，要简洁地把要去拜访客户的意思表达清楚，尽可能省时省事，否则容易让客户产生厌恶感，影响预约的质量甚至公司形象。成功的电话预约不仅可以使对方对你产生好感，也便于工作的进一步开展。

电话预约的要领是：

1）力求谈话简洁，抓住要点。

2）考虑到交谈对方的立场。

3）使对方有被尊重、重视的感觉。

4）没有强迫对方的意思。

知识储备二　确定拜访时间、地点

拜访时间的选择是对方是否接受拜访的首要条件。公务拜访应选择对方上班时间，但应避开选择星期一的上午前去拜访，因为一般这个时间多数人正在参加例会。私人拜访应以不妨碍对方休息为原则，同时尽量避免吃饭时间、午休时间或22点后登门拜访。一般来说，上午9～10点、下午3～4点或者晚上7～8点是最适宜的拜访时间。此外，还应尽量避免在夏天安排太多的私宅拜访活动。需要注意的是，拜访时间不仅包括自己到达的时间还包括自己离开的时间。

对于拜访地点，一般有3个选择：办公室、私人住宅和娱乐场所。这要视拜访的具体目的而定，公务拜访应选择办公室，而私人拜访则应选择私人住宅或娱乐场所。

知识储备三　确定拜访人员、目的

无论拜访何人，都必须事先约定具体的到访人数及人员。在商务礼仪中，这一点是非常重要的。一般在拜访活动中，提前将到访人数告知对方，对于被拜访者来说是一种尊重。同时，明确到访人数可以避免尴尬的人碰面而产生不愉快。

拜访他人前，拜访者需要确定拜访的目的。拜访的目的要具体，以便对方能更好地准备这方面的资料，这样可以节省对方和自己的时间。如果对方拒绝拜访，要委婉地询问对方何时有时间，何种情况下可以拜访；如遇对方确实有事，无法分身，拜访者应说："没关系，以后再联系。"

知识储备四　赴约

德国哲学家康德说过："守时就是最大的礼貌。"商务拜访赴约时，拜访者要注意的首要原则是守时，让别人无故等待是严重的失礼行为。守时，作为国际交际法则中至关重要的一条，每一个汽车商务人员都应谨记。那么如何才能让预约好的拜访按时顺利开始呢？这就要求我们汽车商务人员在赴约前做好充分的准备。

1. 访前准备

形象就是宣传，留给别人的第一印象非常重要。拜访者赴约前必须整理好自己的形象，力求给人留下专业、干练的印象。汽车商务人员进行公务拜访时，穿着应整齐大方、干净整洁，要与自己的职业与年龄相称，同时应注意自己仪容的修饰；私人拜访则没有太多讲究，但穿着应整洁大方，如图5-1所示。

图5-1　访前准备

2. 提前通知

汽车商务人员进行商务拜访，在拜访的当天应提前电话通知客户，一方面是让客户做好准备，另一方面是看对方是否有时间约见。若因故未能按时到达，拜访人员应该及时电话通知对方，如有必要应将拜访延期，同时要郑重地向对方道歉。对于私人拜访也应如此。

3. 准时赴约

汽车商务人员在拜访时应严格遵守约定的到访时间，最好提前10min到达。但也不要太早到，以免让客户措手不及。早到的10min可以用来整理自己的衣饰、调整精神状态、检查携带资料是否齐全等。进入接待区域后礼貌地告知接待人员你与谁约好，在征得同意后，由接待人员引导进入会客室，擅自进入对方的会客室是很不礼貌的。

4. 耐心等待

如果约定时间已到，但对方仍未到达，切不可心烦动怒，应该耐心等待。在此期间可以整理、熟悉自己所带资料，但要注意资料要方便取放，以免见人到来时手忙脚乱地收拾资料。同时，无论对方是因何种原因迟到，都不要对迟到的人报以轻视或意见。如果对方临时有事无法赴约，也不应表现过激，而应礼貌地约定再次拜访的时间，以展现自己的素养，从而为下次拜访做好铺垫。

技能训练　预约赴约礼仪

1. 准备工作（表5-1）

表5-1　预约赴约礼仪训练准备工作

场 地 准 备	工 具 准 备	课 堂 布 置	教 师 要 求
2张桌子/组 6把椅子/组	6部电话道具	6人/组，4组	着职业装

2. 分组讨论

根据知识储备，分组讨论电话预约的要求，同时结合4S店相关岗位的要求，组内同学分别发表对于汽车商务人员不同岗位电话预约要求的认识，组内记录员负责记录、汇总。

3. 模拟演练

根据组内讨论的岗位要求，小组内部分别扮演客户与汽车商务人员进行预约与赴约练习，组内其他同学进行指导、调整，然后组内互换角色再次进行练习。

4. 展示评比

各组选出最优秀的两位同学进行组间展示，各小组组长进行打分，找出缺点、评出最优。

5. 评价表（表5-2）

表5-2　预约赴约礼仪评价表

评 价 项 目	情景展示 （2分）	妆容要求 （2分）	礼貌用语 （4分）	表情到位 （2分）	总分 （10分）	
评 价 标 准	符合 岗位要求	妆容合理	礼貌用语 得体	表情自然	自评（　）	互评（　）
第　　组						
点 评 记 录	优点					
	缺点					

6. 自我总结

活动二 >> 正式拜访礼仪

完成拜访预约、拜访准备之后就到了拜访客户最关键的环节——正式拜访。拜访预约与拜访准备所做的铺垫都是为了见到客户后能给客户留下良好的印象，正式拜访见到客户后的礼仪更为重要、关键。会谈中良好的礼仪细节能展示拜访人的素质与修养，这往往有利于被拜访人做出决定。

知识储备一　礼貌登门

正式拜访时，拜访者需要敲门或按门铃，等待有人允许或者出来迎接时方可进入。不打招呼就擅自进入他人场所是非常不礼貌的表现，即使门开着也是非常失礼的行为。敲门时，要用食指力度适中、间隔有序地敲3下，等待主人回应。在此过程中，拜访者要注意敲门的力度与节奏，不可用力过大、间隔时间不要太长，切忌用力拍打或者用脚踢门。如果无人应声，可稍加力度再敲3下；如果有回应，拜访者要侧身隐立于右门框一侧，待门开时再向前迈半步与主人相对。

知识储备二　问候寒暄

问候寒暄见表5-3。

表5-3　问候寒暄

公务拜访	私人拜访
拜访者见到对方时，应首先问候对方。如果有其他人在场且比对方的地位高，则应首先问候他人；如果另外一个人和对方平级或者为对方的下属，则应先问候对方，再问候他人	拜访者见到对方时，应首先问候对方，再问候对方的家人。问候对方的家人时，应按照先老再幼、先女再男的次序问候。如果还有除对方家人以外的人在场，还应对他们加以问候，不要冷落了对方的家人及客人

知识储备三　为客有方

正式拜访中，拜访者进入对方的办公室、私人住宅等场所时，尤其要注意规范自己的言行举止，切记不能过于随意。首先，进门之后要轻轻地把门关上，并礼貌地询问对方是否需要换鞋。其次，拜访者应在对方引导下入座，自行入座或擅自落座都是不礼貌的表现。入座时，如果对方为年长者或者为上级，主人不落座，拜访者不能先坐。对方让座之后，要回复"谢谢"，然后采用标准的礼仪坐姿入座，如图5-2所示，同时要注意自己的活动范围，切忌经常变动姿势。

图5-2　正式拜访坐姿

当对方上茶水时，拜访者应欠身双手相接，并致谢。如果茶水太烫，应等其自然晾凉了再喝；必要时可将杯盖揭开；放置杯盖时，盖口一定要向上。切忌用嘴边吹边喝，同时喝茶时应慢慢品饮，一饮而尽较为失礼。当对方上果品时，拜访者要等年长者或者其他客人取用后，自己再取用。即使是熟悉朋友的私人拜访也要举止得当，不要过于随便。

在拜访的交谈中，拜访者须语速适度，表达准确，不夸大其词，也不要过于谦卑。同时，要注意聆听对方讲话，不随意打断对方讲话。在商务拜访中，拜访者能够做到的事情要及时应允，而且要充满自信；做不到的事情，不要信口开河，要如实相告；眼前暂时做不到但是通过努力可以做到的事，拜访者说话要留有余地，恰如其分地说。

知识储备四　适时告辞

一般情况下，礼节性的拜访，尤其是初次登门拜访，拜访时间应尽量控制在半小时之内，拜访时间不宜超过两个小时。对于一些重要的拜访，往往需要会谈双方提前议定拜访的时间和时长。在这种情况下，务必要严守约定，绝不能单方面延长拜访时间。起身告辞时，拜访者应主动伸手与主人握别，说："请留步。"待主人留步后走几步，拜访者回首挥手致意说："再见。"

告辞是拜访的重要礼节。告辞时要注意把握好时机，最好是自己讲一段有告别之意的话之后，或者双方对话告一段落，新的话题尚未开始之前提出告辞。切忌别人正在讲话或者别人的话刚讲完就马上提出告辞，这样会被认为不礼貌，容易给被拜访者造成拜访者对刚才的讲话感到不耐烦，或者对讲话人不重视的错觉。

技能训练　正式拜访礼仪

1. 准备工作（表5-4）

表5-4　正式拜访礼仪训练准备工作

场地准备	工具准备	课堂布置	教师要求
2张桌子/组 6把椅子/组	6个文件夹	6人/组，4组	着职业装

2. 分组讨论

根据知识储备，分组讨论正式拜访的要求，同时结合4S店相关岗位的具体要求，组内同学分别讨论对于汽车商务人员不同岗位正式拜访的礼貌用语，组内记录员负责记录、汇总。

3. 模拟演练

根据组内讨论的岗位要求，小组内部组员分别扮演客户与汽车商务人员进行正式拜访的练习，组内其他同学进行指导、调整，然后组内互换角色再次进行练习。

4. 展示评比

各组选出最优秀的两位同学进行组间展示，各小组组长进行打分，找出缺点、评出最优。

5. 评价表（表5-5）

表5-5 正式拜访礼仪训练评价表

评价项目	情景展示（2分）	妆容要求（2分）	礼貌用语（4分）	表情到位（2分）	总分（10分）	
评价标准	符合岗位要求	妆容合理	礼貌用语得体	表情自然	自评（　）	互评（　）
第　　组						
点评记录	优点					
	缺点					

6. 自我总结

学习情景二　汽车商务宴请礼仪

学习目标

知识目标：通过学习能够掌握中餐桌次、位次礼仪及中餐商务接待的基本技巧。

能力目标：能够在中餐接待的情景中熟练运用中餐商务接待的基本礼仪及技巧。

情感目标：通过培养提升，能发自内心地认同源远流长的中餐文化。

情景导入

　　小季从L市某职业学院毕业，经过面试，顺利进入了L市某汽车4S店做汽车销售顾问。经过一段时间的工作，小季在同事和经理中的口碑非常不错。临近年关，一向活泼自信的小季一直愁眉不展。原来经理最近交代了一项任务，让小季着手准备下个月年底的晚宴，经理要求晚宴热闹的同时要体现公司的形象。可是小季几次上交的策划方案都被经理否定了。同事的一句玩笑"礼多不伤人"让小季茅塞顿开，终于明白了自己的方案不能得到经理认同的原因，原来自己在做策划时没有充分考虑到宴会准备的礼仪问题。那么，对于商务宴请，汽车商务人员应该掌握哪些宴请礼仪呢？

活动一 >> 中餐进餐礼仪

　　随着经济的全球化与一体化，商界竞争日益激烈。对商界人士而言，除了办公室8小时的兢兢业业、恪尽职守、努力工作之外，在日常生活中成功的商务宴请往往有助于与商务伙伴建立良好的关系，在无形中对商务合作起到锦上添花的作用。其中，中式宴请在商务活动中最为常见，整个宴请既是与客户拉近感情的过程，也是向客户展现自己良好素质的机会。作为汽车商务人员应谨记中式宴请并非一般的朋友之间吃吃饭、聊聊天，在整个宴请过程中应处处体现礼仪细节，以展示自身良好的涵养。

知识储备一　设宴及邀请礼仪

举办宴会首先应确定设宴的目的、名义、邀请范围和对象，其次应考虑选择恰当的形式，最后慎重地以适当的方式发出邀请。

1. 设宴目的

洽谈业务、签订合同、择日开张、扩大销售、加强联系等，都可以成为设宴的目的。根据设宴的目的不同，设宴的规格、内容、形式有所不同。因此，设宴的目的必须明确，不仅举办人要清楚，还应尽可能地让应邀者和具体承办者清楚明了。这样彼此才好配合，达到宴请的目的，实现预期效果。

2. 邀请名义

邀请名义即以谁的名义出面邀请。邀请名义应当注意主宾身份对等，这是礼仪礼节必须考虑的。邀请者与宴会的具体承办者是有区别的。一般来说，邀请者应与被邀请者的主要宾客，在身份、职级、专业等方面尽量对等对口。邀请既可以单位名义，也可以个人名义，即使是以单位名义邀请，也应签注主要领导人的姓名，以示尊重。

3. 宴请对象和范围

宴请对象指设宴招待的主要宾客，这里包括需要宴请的人员与人数，请到哪一级别，同时包括有关单位和本单位的作陪人员。一般以设宴目的、宾主身份、国际惯例及主要宾客所在地的习惯做法为依据。宾主赴宴的总人数，以偶数为好。

4. 宴请形式

宴请形式依照设宴目的和宴请的范围的需要，综合考虑后审慎拟订。一般来说，设宴目的隆重、宴请范围广泛的宴请，应以正式的、高规格的宴会形式进行；日常交往、友好联谊、人数较多的宴请，以冷餐会或酒会形式进行更合适。

5. 中餐宴会菜单的确定

点菜既是学问又是艺术。根据我们的饮食习惯，与其说是"请吃饭"，倒不如说是"请吃菜"。因此，在中餐宴请时对菜单的安排要考虑周到，见表5-6。

表5-6　中餐宴会菜单的确定

投 其 所 好	要考虑宾客的口味和审美取向
量 力 而 行	点菜时需要注意，不仅要吃饱、吃好、吃出水平、吃出文化，而且要量力而行，杜绝浪费
点 菜 技 法	1. 邀请外宾时，要注意选择一些有明显中国特色的美食，如水饺、炸春卷等 2. 邀请外地客人时，选择一些有特色的地方菜品，如北京的烤鸭，西安的羊肉泡馍等 3. 点菜时应注意选择本餐馆的特色菜，切记不要点触犯个人禁忌、民族禁忌、宗教禁忌的菜肴，以示宴请者的细心和对被宴请者的尊重

知识储备二　桌次与位次礼仪

中国餐饮礼仪可谓源远流长。在中餐礼仪中，餐桌、位次的安排是一项十分重要的内容，它关系到来宾的身份及主人给予对方的礼遇问题，受到宾主双方的同等重视。因此，宴请者在安排宴请时，一定要注意安排餐桌、位次的礼仪要求。

1. 中式宴请的尊位确定

1）对于一席宴请，应根据房门的位置来确定尊位。

一般情况下，与房间正对的中央位置为尊位，如图5-3所示。

2）对于多席宴请，尊位一定位于主桌。

在主桌上，面向其他桌方向的中央位置为尊位，如图5-4所示。

图5-3　中式宴请尊位（a）

图5-4　中式宴请尊位（b）

2. 中式宴请的桌次顺序

（1）中式宴请的桌次排序原则　在中餐宴请活动中，一般采用圆桌形式。宴请时如果客人较多，就会出现多桌宴请的情况。每张桌子的摆放次序称为桌次。在国际商务宴请中，一般遵循的桌次原则是，主桌在主席台边，根据餐厅的形状，右高左低、高近低远。即桌次高低以距主桌位置远近而定，离主桌越近，桌次越高；离主桌越远，桌次越低。平行时的桌次排序为右高左低。

（2）中式宴请的台形布置

1）两席宴请。当两席横排布置时，桌次以右为尊，左为卑，如图5-5所示。这里所说的左右，是以进入房间后面对正门的位置来确定的。当两席竖排布置时，桌次讲究以远为上，以近为下，如图5-6所示。这里所说的远近，是距离正门的远近。

图5-5　中式宴请的台形布置（a）

图5-6　中式宴请的台形布置（b）

2）三席及以上宴请。在安排多席宴请的桌次时，除了要注意面门定位、以右为尊、以远为上等规则外，还要兼顾其他各桌距离主桌的远近。三席宴请一般布置为品字形，又称三角形；四席宴一般布置为方形或菱形；五席及以上宴请一般布置成梅花形、梯形、长方形等，如图5-7所示。

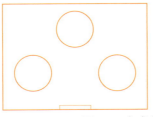

图5-7　中式宴请的台形布置（c）

3. 中式宴请的座次顺序

（1）一般原则 商务宴请中的座次排序是非常复杂的，其中最重要的排序原则是职务的高低，其次是交际语言、业务类别和性别搭配。一般在进行座次排序时，主客双方一、二号座次排序都尽可能按职位排列。其他人员的座位安排除按职位外，还要兼顾交际语言、业务类别和性别等。

（2）座次特点 在宴请座次排序中，最大的特点是每张桌都需要安排主客双方的顺序座次，即主方一号、二号、三号等和客方一号、二号、三号等。而且每张桌子的座次排序都是以主方一号为中心主客交替进行排列。

（3）具体座次排序

1）男、女主人共同宴请时排列方法如图5-8所示，这种排法是男主人位于尊位，女主人位于男主人对面。主副相对，以右为贵。宾客一般随男女主人按右高左低的顺序依次排列，同时要做到主客相间，交替落座。

2）正式场合下的宴请排序方法，主副相对，按以右为尊的原则，依次顺时针交替排序。

3）单主人时排序方法如图5-9所示，这种排序方法以主人为中心，按"以右为尊"的原则排序。

图5-8 中式宴请座次顺序（a）

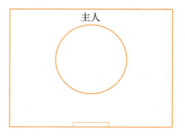

图5-9 中式宴请座次顺序（b）

知识储备三 上菜及餐具使用礼仪

正式宴请对于菜品种类是比较讲究的，其中一成至两成冷菜，三成热炒，四成大菜。如果是家宴可以将大菜减少，冷菜增加。中餐一般讲究先凉后热，先炒后烧，咸鲜清淡的先上，味甜味浓味厚的后上，最后上主食。在有规格的宴席中，热菜中的主菜要先上，如燕窝席里的燕窝、海参宴里的海参、鱼翅席上的鱼翅，即最贵的热菜先上，再辅以熘炒烧扒。

1. 宴席里的上菜顺序（表5-7）

表5-7 宴席上菜顺序

茶	在上菜之前，因为要等待，所以先上清口茶
凉 菜	即冷拼、花拼
热 炒	视宴席规模选择不同的烹饪方式，如滑炒、软炒、干炸、爆、烩、烧、蒸、浇、扒等组合
大 菜	指整只、整块、整条的高贵菜肴，如鸡、鱼、乳猪、全羊等
甜 菜	即甜汤
点心主食	一般规格较高的宴席不提供米饭，而是以糕、饼、团、粉、包子、水饺等充饥，如有需要可以再提供米饭
水 果	酒足饭饱后，应吃些爽口、消腻的水果

菜品的确定需要考虑时节的因素，夏季以清蒸、白汁、清炒、凉拌为主，而冬季则以红烧、红焖、火锅为主。此外，还应考虑到颜色、食材的搭配问题。

2. 餐具使用礼仪

1）湿毛巾只能用来擦手，绝不能擦嘴或者擦脸，一般在宴会即将结束时，服务员端上的湿毛巾才是专供擦嘴使用的，但是绝不能用来擦脸。

2）餐巾是用来保护衣服的，应该将餐巾铺在并拢的大腿上，不要围在脖子或者腰带上，同时餐巾折起来的内侧可以用来擦手或者擦嘴。

3）餐巾纸主要是用来擦嘴或者擦手的。不要使用自己的纸巾，更不可用卫生纸代替。

4）汤勺不用时应平放于食盘中，不应将其立于汤碗内或者置于餐桌上。

5）食盘是用来盛放菜品的，一次取菜不宜过多，不宜入口的废弃物可以放在盘中，不要直接吐到桌上或地上。

6）尽量不要使用席间的牙签，用时要注意以手护口。

7）水盂即洗手碗，是在用餐期间洗手用的，千万不要将其当作洗手水。水盂的用法：在进食海鲜等带有腥味食物后，可将双手指尖轮流放于碗中，然后用餐巾纸擦净。

8）在使用筷子时，切忌舔筷、叉筷、扔筷、舞筷等失礼行为，如暂时不用，可将其放于筷子架上。

知识储备四 就餐饮酒礼仪

1. 就餐礼仪

1）一道菜上桌后，通常须等待主人或长辈动筷后再去取用。若需使用公筷，应先用公筷将菜肴夹到自己的盘中，然后用自己的筷子慢慢食用。夹菜时，要等到菜肴转到自己面前时再动筷，夹菜一次不宜过多，也不要把夹起来的菜放回菜盘中，又伸筷夹另一道菜，这是非常不礼貌的行为。邻座夹菜时要避让，谨防筷子交叉。

2）席间如有外宾，不用反复劝菜，也不要为其夹菜。因为外宾一般没有这个习惯。以前人们习惯为宾客夹菜表示好客，现在应让宾客依据自己的喜好取用菜肴，同时自己取用也比较卫生并注意使用公筷。

3）用餐时，碗盘等不可拿在手上，应用筷子小口取用菜肴，不可一次将过多的菜肴塞入口中，切忌边咀嚼食物边与其他人聊天。

4）骨、刺要吐出时，应用餐巾纸或右手遮口，隐蔽地吐于左手中，再置于骨盆中。同时，有骨或壳的食物，应尽量避免直接用手取用，可用筷子和汤勺配合取用。

5）很烫的食物不可用嘴吹冷再送入口中，应等自然晾凉后再取用。

6）用餐过程中遇到意外情况时，处理要大方而从容。

如果食物呛喉，可大口喝水或用餐巾遮掩咳嗽一下，把食物咳出。同时，席间应尽量避免打呵欠、打喷嚏、擦鼻涕等不雅行为，如确有必要，可用手帕或餐巾纸遮掩，如来不及时，可用手立即遮掩，随后立即离座去洗手间处理。

2. 饮酒礼仪

饮酒是各种宴会必不可少的一个项目，正式的中餐宴会通常提供白酒和葡萄酒。一般情况下，中餐宴会中每位用餐者面前排列着3只杯子，自左而右依次为白酒杯、葡萄酒杯和水杯。拿酒杯的姿势因酒杯不同而有所不同。在饮酒过程中，斟酒、祝酒词、敬酒是不可缺少的环节，因此需要谨记相关的礼仪规范。

（1）斟酒 酒水应当在饮用前斟入酒杯，一般由服务员打开酒瓶后，自右边主宾起斟酒。

有时主人为了表示尊敬与友好，会亲自为来宾斟酒。服务员斟酒时，勿忘道谢，但不必拿起酒杯；如果是主人亲自斟酒，需要拿起酒杯致谢，必要时起身站立，欠身点头表示尊敬并致谢。

主人为来宾斟酒时要注意两点：第一，应一视同仁地为每位来宾斟酒，切忌只为个别宾客斟酒；第二，注意斟酒方向，可顺时针方向，也可先为尊长、贵宾斟酒，再为其他人斟酒。

（2）祝酒词　用餐前主人通常要致辞，讲一下宴请的原因。祝酒时要注意：第一，无论是正式场合还是普通宴请，内容均需简练；第二，在他人致辞时，在场者均需停止用餐或饮酒，面向对方坐好认真聆听；第三，祝酒结束后，大家举杯示意然后一饮而尽，若酒量小可事先少斟些酒。

（3）敬酒　敬酒是酒宴上必不可少的一项程序。在整个用餐饮酒过程中，可频频举杯，以使现场气氛热烈而欢快，不过要适可而止，不能存心将别人灌醉。在宴会中不打算饮酒或不会饮酒时，可以有礼貌地阻止别人敬酒，但不要一概拒绝，至少喝些饮料、果汁以示尊敬。

拒绝他人敬酒要注意礼节：第一，主动要一些非酒类饮料，并说明原因；第二，让对方在自己杯子里少斟些酒，然后轻轻用手推开酒瓶。按照礼节，杯子里的酒是不可以不喝的。当主人、朋友热情地向自己敬酒时，东躲西藏或把酒杯翻过来都是失礼行为。

技能训练　中餐礼仪

1. 准备工作（表5-8）

表5-8　中餐礼仪训练准备工作

场 地 准 备	工 具 准 备	课 堂 布 置	教 师 要 求
6把椅子/组 1张圆桌/组	6套中餐餐具/组	6人/组，4组	着职业装

2. 分组讨论

根据知识储备，分组讨论中餐宴会礼仪的要求，同时结合4S店相关岗位的要求，组内同学分别发表对汽车商务人员在参加中餐宴会时礼仪方面的认识，组内记录员负责记录、汇总。

3. 模拟演练

根据组内讨论的岗位要求，小组内部分别扮演客户与汽车商务人员进行中餐宴会练习，组内同学相互指导、调整，然后组内互换角色再次进行练习。

4. 展示评比

各组选出最优秀的阵容进行组间展示，各小组组长进行打分，找出缺点、评出最优。

5. 评价表（表5-9）

表5-9　中餐礼仪评价表

评 价 项 目	情景展示 （2分）	妆容要求 （2分）	礼貌用语 （4分）	表情到位 （2分）	总分 （10分）	
评 价 标 准	符合 岗位要求	妆容合理	礼貌用语 得体	表情自然	自评（　　）	互评（　　）
第　　组						
点 评 记 录	优点					
	缺点					

6. 自我总结

活动二 >> 西餐进餐礼仪

西餐是中国和其他东方国家的人们对欧美各国饮食的统称，是由原材料、厨艺、服务、环境组成的综合产品。西餐大致分为两大类：一类是以俄式菜为主的东欧菜式；另一类是西欧菜式，其中又有法式菜、英美式菜和德式菜之分。

中西文化背景的不同，导致人们饮食需求的差异，从而表现出中西餐的许多区别。与中餐相比，西餐宴会有更多、更严格的礼仪规定。因此，了解西餐文化、掌握西餐礼仪，对于汽车商务人员来说是十分必要的。

知识储备一　桌次与座次礼仪

正式宴会一般会均排席位，也可为部分客人安排席位，其他客人自由入座。国际上的习惯，以主人为基准，右高左低、近高远低。桌数较多时，要摆桌次牌。西餐宴会使用的长条桌，会根据人数与餐厅形状拼成不同的形状。酒会一般摆设小圆桌或茶几。

同一桌上，席位高低以离主人的座位远近而定，如图5-10所示。

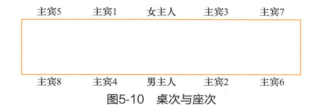

图5-10　桌次与座次

知识储备二　宴请礼仪规范

1. 上菜礼仪

西餐与中餐有很大的区别，中餐往往是一桌上满了菜，大家一起食用，而西餐是上一道菜吃一道菜。西餐正式的全套餐点上菜顺序见表5-10。

表5-10　西餐上菜顺序

头　菜	第一道菜是头菜，也称开胃菜。开胃菜常见的有龙虾沙律、鹅肝、鱼子酱、燻鲑鱼等
汤	常见的有俄式罗宋汤、意式蔬菜汤、海鲜汤、牛尾汤、各式奶油汤
副　菜	水产类菜肴也称为副菜，品种包括各种淡海水鱼、贝壳及软体动物。通常，水产类菜肴与蛋类、面包类、酥盒菜肴都称为副菜
主　菜	肉类菜肴也称为主菜。肉类菜肴的原料取自牛、羊、猪等各部位的肉，其中最有代表性的是牛肉或牛排，烤、煎、铁扒等为常见的烹调方法。禽类菜肴品种最多的是鸡，如山鸡、火鸡、竹鸡等，以煮、炸、烤、焖为主
蔬菜类菜肴	蔬菜类菜肴在西餐中称为沙拉，和主菜同时上桌的沙拉称作蔬菜沙拉，一般用生菜、西红柿、芦笋等制作。沙拉的主要调味汁为醋油汁、法国汁、奶酪沙拉汁等
甜　品	甜品包括布丁、蛋糕、冰激凌、奶酪、水果等
咖啡、茶	茶一般指红茶，通常加糖和香桃片

2. 餐具及就餐礼仪

西餐餐具使用较为复杂，每个座位一般要摆放3副刀、3副叉、3个餐勺、1块餐巾、两个餐盘和3个酒水杯。其中，餐刀（图5-11）、餐叉（图5-12）、餐勺（图5-13）的使用最为复杂烦琐。

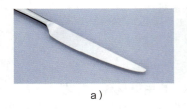
a）

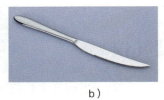
b）

c）

图5-11 餐刀
a）正餐刀 b）牛排刀 c）黄油刀

图5-12 餐叉

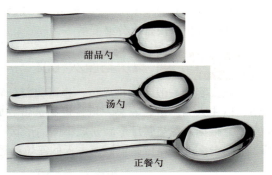

图5-13 餐勺

1）餐刀的介绍见表5-11。

表5-11 各式餐刀

正 餐 刀	牛 排 刀	黄 油 刀
这种刀的锯齿不明显或没有，主要用来配合餐叉切割一些蔬菜、水果等软一些的食品	这种刀的锯齿比较明显，吃牛排等肉类时使用	这种刀比较小，一般摆放在黄油盘或面包盘中

牛排刀和正餐刀一般平行竖放在正餐盘的右侧。如果牛排刀放在正餐刀的右侧，一般说明牛排要先于其他主菜上桌，反之亦然。

2）餐叉的介绍见表5-12。

表5-12 各式餐叉

水 果 叉	沙 拉 叉	正 餐 叉
最小的一个一般就是水果叉，横放在正餐盘的上方，主要用来吃水果或甜品	沙拉叉也叫冷菜叉，主要用来吃沙拉和冷拼	正餐叉是3种餐叉中最大的一种，用来吃正餐菜

沙拉叉和正餐叉一般并排竖放在正餐盘的左侧。沙拉叉的摆放位置可反映人们不同的饮食观念，如果先上沙拉，认为沙拉可以起到开胃的作用；如果后上沙拉，认为沙拉可以起到清口的作用。因此，沙拉叉的摆放位置也不一样，前一种将沙拉叉放在正餐叉的外侧，而后

一种将沙拉叉放在正餐叉的内侧。

3）餐勺的介绍见表5-13。

表5-13　各式餐勺

正餐勺	汤勺	甜品勺
正餐勺的勺头为椭圆形，主要在吃正餐、主食时使用，起到辅助餐叉的作用，一般平行竖放于餐刀的右侧	汤勺一般是圆头，主要用来喝汤，放在正餐勺的外侧。西餐喝汤时要用汤勺将汤从汤盘中由里往外盛好，再送入口中，而不是将汤从汤盘中由外往里盛。当汤盘中仅剩一点点汤无法盛起时，可以将汤盘一端稍稍向就餐者抬起使汤汁聚集	甜品勺一般平放于正餐盘的上方，主要用来吃甜品，为3种餐勺中最小的

4）餐巾。进餐时，大餐巾可对折，折口向外平铺于腿上，小餐巾可展开直接铺在腿上。注意不可将餐巾挂于胸前。拭嘴时，需要用餐巾的上端，并用其内侧。绝不可用餐巾来擦脸或擦刀叉、碗碟。西餐中，女主人将餐巾铺开时，即宣布用餐开始，当女主人将餐巾放在餐桌上时，则宣布用餐结束。

5）酒杯。西餐中，吃不同的菜需要搭配不同的酒，所以对酒杯的讲究比中餐更为复杂。通常，不同的酒杯用来喝不同的酒。在餐刀的右上方会摆着3支酒水杯，1支白酒杯、1支红酒杯、1支水杯。可依次由外侧向内侧使用，也可跟着女主人的选择顺序使用。

6）餐具的摆放。西餐中，刀、叉、餐巾在使用过程中，根据摆放位置不同，可以表示休息或停止用餐。

① 餐中休息时，将刀叉呈八字形左右分架或交叉摆放在餐盘中，刀刃向内，此时表示就餐者暂时休息，过一会还会继续进餐。若中途离开座位，可以将餐巾放在座椅的靠背上。

② 停止用餐时，将刀叉合拢摆放于餐盘上，叉齿朝上，表示就餐者不准备继续食用，服务生可以将盘子撤走。

西餐的餐具摆放如图5-14所示。

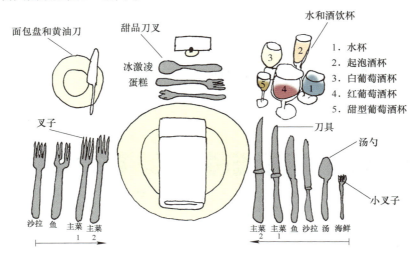

图5-14　西餐的餐具摆放

知识储备三　饮酒礼仪

西餐的特点是让人在用餐的同时享受一种浪漫、优雅和温馨的感觉，而酒正是一种可以营造浪漫气氛的特殊饮品，所以酒在西餐中有着特殊的地位，不仅种类多，而且各有各的配菜，各有各的喝法。

1. 酒的种类（表5-14）

表5-14 酒的种类

餐 前 酒	通常在餐前30min左右饮用。餐前酒大多在客厅饮用，主要目的是开胃，也是为了等待可能有事情耽搁而迟到的宾客。男士一般喝马丁尼（Martini），不太能饮酒的男士可以选择鸡尾酒。女士一般选择雪莉酒（Sherry），即使不饮酒的人也应点一杯矿泉水、可乐之类的饮品，否则有失风度。饮酒时比较随意，可坐着也可以走动
餐 中 酒	在用餐过程中饮用的为餐中酒，专门为主菜而配，有红酒与白酒之分，均为葡萄酒。红酒配"红肉"，如牛肉、羊肉等。红酒不可以加冰饮用。餐桌上粗一些的酒杯为红酒杯。白酒配"白肉"，如海鲜、鱼肉等。白酒需加冰饮用。白酒杯比红酒杯高些
餐 后 酒	通常的餐后酒为白兰地，用一种杯身矮胖、杯脚短小的酒杯饮用。餐后酒可以用手心温杯，如此可以使酒发出更香醇的味道

2. 饮酒时的注意事项

（1）开酒瓶 一般主人是不能自己开酒瓶的，均应由服务人员处理。

（2）斟酒 无论是斟酒还是添酒，主人与客人都不应自己倒酒，招呼服务人员即可。倒酒时只有香槟可以全部倒满。白酒一般一次倒半杯就可以，红酒倒1/4杯即可，若是倒满将无法欣赏酒的颜色与香味。

（3）酒杯的放置 酒杯放在每个人面前的右上角。当喝完酒后，酒杯要放在水杯的正后方。

（4）喝酒的方式 喝酒时绝不能吸着喝，而是使酒杯倾倒，像是将酒放在舌头上饮用。可轻轻摇动酒杯让酒与空气接触以增加酒的醇香，但不要猛烈晃动，也不可一饮而尽。拿着酒杯边说话边喝酒、吃东西时喝酒、口红印在酒杯上等都是失礼行为。

（5）斟酒拒绝方式 在无法喝酒的情况下，服务人员前来斟酒时，只要伸出手轻轻遮住酒杯即可。

技能训练 西餐礼仪

1. 准备工作（表5-15）

表5-15 西餐礼仪训练准备工作

场 地 准 备	工 具 准 备	课 堂 布 置	教 师 要 求
1张长桌/组 6把椅子/组	6套西餐餐具/组	6人/组、4组	着职业装

2. 分组讨论

根据知识储备，分组讨论西餐宴会礼仪的要求，同时重点讨论汽车商务人员在西餐宴请时应如何把握西餐礼仪，更能体现汽车销售人员的职业特色和气质，组内记录员负责记录、汇总。

3. 模拟演练

根据组内讨论的岗位要求，小组内部分别设定角色，饰演男、女主人和宾客进行西餐宴会练习，组内同学进相互指导、调整，然后组内互换角色再次进行练习。

4．展示评比

各组选出最优秀的阵容进行组间展示，各小组组长进行打分，找出缺点、评出最优。

5．评价表（表5-16）

表5-16 西餐礼仪评价表

评价项目	情景展示 （2分）	妆容要求 （2分）	礼貌用语 （4分）	表情到位 （2分）	总分 （10分）	
评价标准	符合 岗位要求	妆容合理	礼貌用语 得体	表情自然	自评（ ）	互评（ ）
第　组						
点评记录	优点					
	缺点					

6．自我总结

活动三 》 礼品馈赠礼仪

馈赠是商务社交活动的重要手段。作为一种非语言的交际方式，馈赠以物的形式出现，礼呈于物，以物言情。得体的商务馈赠恰似无声的使者，会使商务活动锦上添花，为我们与商务伙伴增添感情和友谊的活力。对于商务馈赠，如何做到得体呢？这就涉及一个普遍的问题，即5W1H问题：送给谁（Who）、为什么送（Why）、送什么（What）、何时送（When）、在什么场合送（Where）、如何送（How）。要想使商务馈赠发挥真正的作用，汽车商务人员需要在明确馈赠目的和原则的情况下解决好5W1H问题。

知识储备一 馈赠目的与原则

1．馈赠的目的

（1）商务交际目的 在社交中为了达到一定的目的，针对交往中的关键人物和部门，通过赠送一定的礼品，以促使交际目的的实现。赠送礼品的效果要看礼品能不能反映送礼者的寓意与情感，并使寓意与情感同送礼者的形象有机结合起来。

（2）巩固和维护人际关系目的 这类馈赠就是通常说的"人情礼"。在人际交往中，无论是个人间还是单位间必然会产生各类关系和感情。巩固与维护人际关系，一般会采用很多种方法，其一就是馈赠。

（3）商务酬谢目的 这类馈赠是为了答谢他人的帮助而进行的，在礼品选择上既要考虑对方的喜好，又要考虑给予帮助的大小与重要性。

（4）商务公关目的 这类馈赠表面上不求回报，而实质上回报隐藏在更深层次，这是为了达到某种目的而用礼品的形式进行活动。

2．馈赠的原则

（1）轻重原则 馈赠提倡"礼轻情意重"。所以，除非有特殊目的的馈赠，其他馈赠礼品的贵贱均以受赠者能够愉快接受为准则。

（2）时机原则　　中国人很讲究"雪中送炭"，即要十分注重送礼的时效性。一般来说，时间贵在及时，机会贵在事由、情感等，人们在"门可罗雀"和"门庭若市"时，对收到礼品的感受是不同的。因此，对处境困难者的馈赠尤显得真挚与高尚。

（3）效用性原则　　就礼品本身的价值而言，人们的经济状况不同、文化程度不同、追求不同，因此对礼品的实用性要求也就有所不同。在物质生活较差时，人们多倾向于选择实用性的礼品，如水果、食品等。在物质生活较好时，人们则倾向于选择艺术欣赏价值较高，有思想和纪念性的物品为礼物。因此，要根据受礼者的物质生活水平，有针对性地选择礼品。

（4）投好避忌原则　　由于每个人的民族、宗教信仰、性格、爱好不同，所以要注意投其所好、避让受礼者的禁忌。触犯别人的禁忌是一种十分失礼的行为。

知识储备二　礼品的选择

馈赠之前，要对礼品进行认真的选择。因人、因事、因地施礼是社交礼仪的规范之一。对于礼品的选择，要针对不同的对象、不同的事由、不同的场所区别对待。

1. 客户礼品的选择

赠送客户之前，一般要考虑客户的性别、婚否、教养和嗜好，挑选具有鲜明特色、突出标志，并且能够使其经常看见或经常使用的礼品。所送礼品既不能增加客户的心理负担，又要使之产生被重视的感觉。礼品要有创造性，并为客户所喜爱。

礼品可分为两种，一种是可以长期保存的，如工艺品、书画、照片、相册等；另一种是保存时间较短的，如挂历、食品、鲜花等，馈赠时可根据自己的实际情况加以选择。喜礼可送鲜花、书画、工艺品、衣物等；贺礼可送花篮、工艺品等。

礼品一定要有特点，事先应该了解对方家庭及本人的爱好，这样送出的礼品才会受到对方的喜爱。礼品不在多少，而在实用和恰当，恰当的礼品的意义远远超过礼品本身的价值。逢年过节，往往一纸贺卡就是赠礼的佳品。另外，无论贺卡上是否印了话语，赠送者都应该亲笔写上几句问候的话。一张只有铅字的、冷冷的贺卡，会使对方觉得不送给他反而会更好。

2. 会议礼品的选择

（1）庆典会议和表彰会议的礼品选择　　这类会议主要是以纪念为目的，所以可选保存时间长，适合在桌子上或墙上陈列，有一定的价值或使用价值，最好有一定的象征与关联意义的礼品。例如有象征意义的奖杯或奖台、金质或银质纪念币，有一定象征意义适合在桌子上摆设的工艺品、高档的饮水杯、金箔画等。

（2）重要培训、交流、总结会议的礼品选择　　这类会议在选择礼品时，主要以有实用价值、使用时间长、会议参加者喜欢为主要标准，合适的书写、文化用品也是一种选择，例如派克笔、电磁炉、电热水壶、名牌旅行包等。

（3）订货会、展销会、促销日的礼品选择　　这类会议在选择礼品时，一般选择自己公司的产品或与公司产品相关的产品。美国某制造公司的发言人就曾说过："我们要选择与生产线有关的礼品，在客户参观工厂时，我们用礼品来吸引他们。我们赠送的礼品不仅要能使他们回想起参观活动，而且要能带回家。牛排餐刀对我们来说是极好的礼品，因为它是我们自己生产的材料做成的。在推销订货会上，我们把不锈钢钢笔作为礼品赠送，笔上刻有公司标识，这将使客户永远记住我们的公司，他们会为随身携带着这样一只高质量钢笔而自豪。"

对汽车行业而言，可以赠送与汽车相关的礼品，例如空气净化器、车用吸尘器、冷热箱、车上饰品、车模等，这些礼品既实用又特别。

知识储备三　馈赠的时机与方法

1. 馈赠的时机

在商务馈赠中，把握好赠送礼物的时机相当重要，包括时间的选择与机会的把握。

（1）传统节日　如春节、元旦、中秋节、圣诞节等中外节日均是馈赠礼品的黄金时间。

（2）企业庆典及周年纪念日　在参加某一企业开业庆典或周年纪念日时，商务人员要赠送花篮、牌匾等礼品以示祝贺。

（3）一些特殊的日子　如对方生日、乔迁、高升、结婚、生子等重要日子可送上礼品以示庆贺。

（4）酬谢　商业交往中，如果对方给予帮助，商务人员应及时赠送礼物以示感谢。

（5）拜访　汽车商务人员需要公关、拜访时，应该带些礼品，以示礼貌与友好。

2. 馈赠的方法

根据礼仪惯例，赠送礼品时汽车商务人员应考虑礼品包装和送礼的技巧。

（1）礼品的包装　对礼品进行精美包装，一方面是为了表示送礼人对受礼人的尊敬，另一方面是为了让受礼人对礼物产生神秘与期待感。如果礼物的包装精美同时礼物选择恰当，那么当受礼人打开包装看到礼品时，定然十分惊喜。这会加深受礼人对送礼人的印象，从而起到增进关系、促进商务合作的作用。因此，一定要重视礼品的包装。

不论礼品有没有盒子都需要用彩色花纹纸包装起来，用彩色绸带捆扎好，并系成漂亮的结，如蝴蝶结、梅花结等。重视包装需要做到以下两点：一是包装所用的材料要尽量好一些；二是在礼品包装纸的颜色和图案、包装后的形状、缎带颜色、打结手法等细节方面，要注意尊重他人的文化背景、风俗习惯和禁忌。

（2）送礼技巧　礼品赠送时，送礼者一般应该站着用双手把礼品赠送到受礼人的手中，并说上一句得体的话。送礼寒暄时一般应与送礼的目的相吻合，如送结婚礼物时送上一句"新婚快乐"。中国人素有自谦的习惯，送礼时一般喜欢强调礼品微薄，而不说礼品稀罕、珍贵，如"区区薄礼不成敬意，敬请笑纳"；而西方人在送礼时，喜欢向受礼者介绍礼品的独特意义和价值，以示自己对对方的重视和尊敬。

有时候，因商务赠送独特的性质，对方会不愿意接受礼品而婉言拒绝、义正词严地拒绝或事后回礼，这些情况都会令送礼者尴尬。那么，如何才能防患于未然，顺利将礼物赠予对方呢？关键在于找好理由，达到馈赠的目的。

知识储备四　馈赠的禁忌

所谓禁忌，就是因某种原因（尤其是文化因素）而对某些事物所产生的顾忌。禁忌的产生大致有两个方面的原因：一是纯粹由受赠对象个人原因所造成的禁忌，如由受赠对象在某些方面的自尊和不足造成的；二是因风俗习惯、宗教信仰、文化背景以及职业道德等形成的公共禁忌，尤其是向外国人、外地人赠送礼品时不能忽视这一点。

由于这些因素的影响，不同的人对同一礼品的态度可能会截然不同，或喜爱，或忌讳，或厌恶。因此，选择礼品时要投其所好，避免选择受礼方禁忌的礼品。

（1）违法犯规礼品 国家公务员在执行公务时，即使关系再特殊，也不要向对方赠送任何礼品。送外国友人礼品时，要考虑到不违反对方所在国家的现行法律。

（2）坏俗礼品 挑选礼品时，应使礼品不与对方所在地的风俗习惯相矛盾、相抵触。

（3）私忌礼品 由于种种原因，人们会忌讳某些物品。例如，高血压患者不能吃含高脂肪、高胆固醇的食品，糖尿病患者不能吃含糖量高的食品。如果送私忌礼品给人，对方反而会认为你不尊重他。

（4）有害礼品 有一些东西，会对人们的工作、学习、生活以及身体健康、家庭幸福有害，如烈酒、赌具以及庸俗低级的书刊、音像制品等。送这类礼物，或许能投其所好，但难免会有存心害人的嫌疑。

（5）无用礼品 不要把过时、没用的物品送给别人，不然只能证明你小瞧人。

技能训练 商务馈赠礼仪

1. 准备工作（表5-17）

表5-17 商务馈赠礼仪准备工作

场 地 准 备	工 具 准 备	课 堂 布 置	教 师 要 求
1张桌子/组 6把椅子/组	4套礼品道具	6人/组、4组	着职业装

2. 分组讨论

根据知识储备，分组讨论商务馈赠的礼仪要求，重点讨论汽车销售人员在不同的场合需要如何选择礼品及如何把握赠送的时机，更能表现出汽车销售人员的友好，组内记录员负责记录、汇总。

3. 模拟演练

根据组内讨论的岗位要求，小组内部分别设定角色，扮演客户和商务人员进行商务馈赠模拟练习，组内同学相互指导、调整，然后组内互换角色再次进行练习。

4. 展示评比

各组选出最优秀的阵容进行组间展示，各小组组长进行打分，找出缺点、评出最优。

5. 评价表（表5-18）

表5-18 商务馈赠礼仪评价表

评 价 项 目	情景展示 （2分）	妆容要求 （2分）	礼貌用语 （4分）	表情到位 （2分）	总分 （10分）	
评 价 标 准	符合 岗位需求	妆容合理	礼貌用语 得体	表情自然	自评（ ）	互评（ ）
第 组						
点评记录	优点					
	缺点					

6. 自我总结

_____

_____

_____

【思维拓展】 扫描二维码收听故事，回答问题。

_____

_____

_____

_____

_____

_____

学习领域六
汽车商务会展礼仪

　　人们对会展礼仪的认识，往往局限于布置会场及场内的会务工作，开会时为客人沏茶送水，会后为与会者送行、及时清扫场地。随着社会的发展，会展不断升级，人们对会展礼仪提出了更高的要求，对会展工作人员的服务水平也有了更高的要求。会展礼仪已成了人们比较关注的一个问题。会展礼仪可以使会展活动更加丰富多彩，对会展活动的成功举办具有举足轻重的作用。国际车展这样的平台，可让更多的中国本土汽车企业展示自主知识品牌，推出最新科技成果，树立良好的企业形象，走向更广阔的市场。汽车商务人员应努力掌握会展礼仪的相关规则，通过会议与会展来展现公司形象，增强商务合作。

学习情景一 汽车商务一般会议礼仪

学习目标

知识目标：学生能够准确掌握汽车商务人员在不同会议及会议各阶段的礼仪。

能力目标：通过模拟训练，学生能够结合情景熟练运用汽车商务会议礼仪。

情感目标：学生能够发自内心地认同汽车商务会议礼仪，进而提升自身的素质和修养。

情景导入

小季从L市某职业学院毕业，经过面试，顺利进入了L市某汽车4S店做汽车销售顾问。经过两年的努力工作，小季终于得到了升职加薪的机会，顺利成为销售经理。然而收到这个好消息还没几天，小季就一脸的愁容，整天闷闷不乐。原来，近期店里会有一次与合作伙伴的重要会议，领导让小季安排本次会议，要求展现公司正面形象，给合作伙伴留下良好印象，以促成本次合作。这是自己升职后领导安排的第一项重要工作，这次会议安排是否妥当将直接影响自己在领导心中的印象。可是，小季完全没有接触过会议安排，那小季应该怎么办呢？作为一名汽车商务人员应该掌握哪些会议安排的内容呢？

活动一 >> 会议筹备工作礼仪

会议是洽谈商务、布置工作、沟通交流的重要方式，在企业外部与内部工作中具有不可忽视的地位。会议礼仪是会议筹备、组织、服务等工作必须遵守的礼仪规范，掌握会议礼仪对会议精神的执行有较大的促进作用。凡正规的会议，均须进行缜密而细致的组织工作。具体而言，会议的组织工作，在其进行前、进行时与进行后各有不同的要求。凡此种种，均可称为会务工作。负责会务工作的基层人员，在其具体工作时，一定要遵守常规、讲究礼仪、细致严谨、做好充足准备。

知识储备一 会议筹备

在会议的种种组织工作中，会前的组织工作最为关键。它大体上包括以下4个方面。

1. 成立会议筹备组

举行会议前，必须先确定其主题（包括会议名称）。会议主题一般由相关领导在会前集体研究确定，负责筹备会议的工作人员应围绕会议主题，将领导议定的会议规模、时间、议程等组织落实。通常要组成会议筹备组，明确分工，责任到人。

2. 拟发通知

按常规，举行正式会议均应提前向与会者发布会议通知。会议通知是由会议的主办单位发给所有与会单位或全体与会者的书面文件，同时包括向有关单位或嘉宾发出的邀请函件。

在此过程中主要应做好两件事：

（1）拟好通知　会议通知一般由标题、主题、会议日期、出席对象、报到时间、报到地点以及与会要求7项要点组成。拟写通知时，应保证其完整而规范。

（2）及时送达　发布会议通知时，应设法保证其及时送达，不得耽搁延误。

3. 起草文件

会议上所用的各种文件材料均需在会前准备妥当。会议过程中需要认真准备的会议文件，主要有会议的议程、开幕词、闭幕词、主题报告、大会决议、典型材料、背景介绍等。有的文件应在与会者报到时下发。

4. 常规性准备

会务工作负责人有必要对一些会议涉及的具体细节问题做好充分的准备工作。

（1）做好会场的布置　对于会议举行的场地要有所选择，对于会场的桌椅要根据需要做好安排，对于开会时所需的各种音响、照明、投影、摄像、摄影、录音、空调、通风设备和多媒体设备等，应提前进行调试检查。在条件允许的情况下，对于一些设备（如麦克风）做好调换准备，以便应对突发状况。

（2）会议用品的采办　会议用品，如纸张、本册、笔具、文件夹、姓名卡、座位签以及饮料、声像等用具，需要在会议前统计清楚，清查保存好，不能满足会议需要时及时补充。

（3）做好沟通作业　根据会议的规定，与外界搞好沟通，例如向有关新闻部门、公安保卫部门进行通报。

知识储备二　会场座次礼仪

举行正式会议时，通常应事先排定与会者的座次，尤其是身份重要者的具体座次。越是重要的会议，它的座次排定往往越受到社会各界的关注。对有关会场排座的礼仪规范，不但需要有所了解，而且必须认真遵守。在实际组织会议时，根据会议的具体规模多有不同，其具体的座次排定也存在一定的差异。

1. 小型会议

小型会议一般指参加者较少、规模不大的会议。小型会议的排座，目前主要有以下3种具体形式。

（1）自由择座　自由择座指不排定固定的具体座次，而由全体与会者完全自由地选择座位就座。这种形式适用于非正式会议。

（2）面门设座　面门设座一般以面对会议室正门之位为会议主席之座，其他的与会者可在其两侧自左而右地依次就座，如图6-1所示。

（3）依景设座　所谓依景设座指会议主席的具体位置不必面对会议室正门，而是依托会议室内的主要景致，如字画、讲台等，其他与会者在主席位两侧依次交替就座。

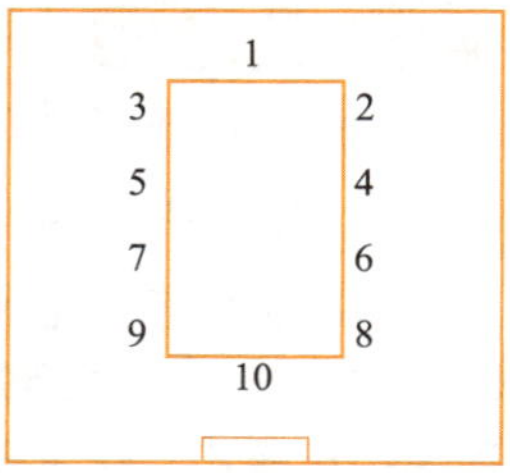

图6-1　小型会议图

2. 大型会议

大型会议一般指与会者众多、规模较大的会议。它的最大特点是会场上分设主席台与群众席。前者必须按一定的规则排座，后者的座次则可排可不排。

（1）主席台排座　大型会场的主席台一般应面对会场主入口。在主席台上就座的参会者，应面向群众席，面前放置双向桌签，以便正确落座。

主席台的具体排座可分为主席团排座、主持人座席、发言者席位。

1）主席团排座。主席团指在主席台上正式就座的全体人员。国内目前排定主席团位次的基本规则有3种：第1种是前排高于后排，第2种是中央高于两侧，第3种是左侧高于右侧。具体来讲，主席团的排座有单数与双数的区分，如图6-2所示。

10	8	6	7	9
5	3	1	2	4

8	6		5	7
4	2		1	3

图6-2　主席团排座图

2）主持人座席。会议主持人又称大会主席。其具体位置有3种方式：第1种是居于前排正中央，第2种是居于前排的两侧，第3种是按其具体身份排座，但不宜安排就座于后排。

3）发言者席位。发言者席位又称发言席。在正式会议上，发言者发言时不宜就座于原处发言。发言席的常规位置有两种布置形式：1是主席团的正前方，2是主席台的右前方，如图6-3所示。

图6-3　发言者席位图

（2）群众席排座　在大型会议上，主席台之下的一切座席均称为群众席。群众席的具体排座方式有两种，如图6-4所示。

图6-4　群众席排座图

1）自由式择座。自由式择座即不进行统一安排，而由大家自由择位而坐。

2）单位就座。单位就座指的是与会者在群众席上按单位、部门或者地位、行业就座。它的具体依据，既可以是与会单位、部门的汉字笔画的多少、汉语拼音字母的前后，也可以是其平时约定俗成的序列。按单位就座时，若分为前排和后排，一般以前排为高，以后排为低，若分为不同楼层，则楼层越高，排位越低。

在同一楼层排座时，有两种较为普遍的形式：第1种是以面对主席台为基准，自前往后进行横向排列，第2种是以面对主席台为基准，自左而右进行纵向排列。

技能训练　会前筹备礼仪

1. 准备工作（表6-1）

表6-1　会前筹备礼仪训练准备工作

场 地 准 备	工 具 准 备	课 堂 布 置	教 师 要 求
1张桌子/组 6把椅子/组	6个电话道具	6人/组、4组	着职业装

2. 分组讨论

根据知识储备，分组讨论会议筹备的要求，同时结合4S店相关岗位的要求，组内同学分别发表对于汽车商务人员不同岗位会议筹备要求的认识，组内记录员负责记录、汇总。

3. 模拟演练

根据组内讨论的岗位要求，小组内部分角色进行会议筹备模拟练习，组内其他同学进行指导、调整，然后组内互换角色再次进行练习。

4. 展示评比

各组选出最优秀的阵容进行组间展示，各小组组长进行打分，找出缺点、评出最优。

5. 评价表（表6-2）

表6-2　会前筹备礼仪评价表

评价项目	情景展示 （2分）	妆容要求 （2分）	礼貌用语 （4分）	表情到位 （2分）	总分 （10分）	
评价标准	符合 岗位要求	妆容合理	礼貌用语得体	表情自然	自评（　　）	互评（　　）
第　　组						
点评记录	优点					
	缺点					

6. 自我总结

_____

_____

_____

活动二 》　会议及会后礼仪

知识储备一　会议期间工作礼仪

在会议召开期间，负责会议具体工作的人员需一丝不苟地做好下列工作。

1. 例行服务

会议举行期间，一般应安排专人在会场内、外负责迎送、引导、陪同与会人员。对与会的贵宾以及老、弱、病、残、孕者，少数民族人士、宗教界人士、港澳台同胞、海外华人和外国人需要进行重点照顾。对于与会者的正当要求，应做到有求必应。对于超出能力范围的要求，应委婉拒绝。

2. 会议签到

为掌握到会人数，严肃会议纪律，凡大型会议或重要会议，通常要求与会者在入场时签名报到。会议签到的方式通常有3种：第1种是签名报到，第2种是交券报到，第3种是刷卡报到。报到后，应将会议资料及礼品发放给与会人员。

3. 会议主持

会议期间必须有人主持会议，控制会议的进程。担任会议主持的人需要具有一定职位，对会议的内容、会议的目的、邀请的人员、会议成功的标志应十分清晰。会议主持要穿着整洁、大方庄重、精神饱满、口齿清楚、思维敏捷，能调节会议气氛，有随机应变的能力。

4. 餐饮安排

举行较长时间的会议时，一般应为与会者安排会间的工作餐。与此同时，应为与会者提供卫生、可口的饮料。会上所提供的饮料应便于与会者自助饮用，不提倡为其频频斟茶续水。那样做既不卫生也不安全，又有可能妨碍对方。如有必要，还应为外来的与会者在住宿、交通方面提供力所能及、符合规定的帮助。

5. 现场记录

凡重要的会议，均应进行现场记录，其具体方式有笔记、打印、录入、录音、录像等。以上方式可单用某一种，也可交叉使用。会议名称、出席人数、时间地点、发言内容、讨论事项、临时动议、表决选举等会议基本内容的记录要完整、准确、清晰。

6. 编写简报

对于重要会议，在会议期间往往要编写会议简报。编写会议简报的基本要求是快、准、简。快，是要求其讲究时效；准，是要求信息准确无误；简，是要求内容文字精练。

知识储备二　会后工作及礼仪

会议结束，应做好必要的后续工作，以便使之有始有终。后续工作可分为以下三类。

1. 形成文件

文件包括会议决议、会议纪要等，一般要求尽快形成规范的文件，会议一结束就要下发或公布。

2. 处理材料

根据工作需要与有关保密制度的规定，在会议结束后应对与其有关的一切图文、声像材料进行细致的收集、整理。收集、整理会议的材料时，应遵守规定与惯例，应该汇总的材料一定要认真汇总，应该存档的材料要一律归档，应该回收的材料一定要如数收回，应该销毁的材料一定要仔细销毁。

3. 协助返程

大型会议结束后，主办单位一般应尽力为外来的与会者提供返程的便利。若有必要，应主动为对方联络、提供交通工具，或是替对方订购、确认返程的机票、船票、车票。当团队的与会者或与会的特殊人士离开本地时，还可安排专人为其送行，并帮助其托运行李。

技能训练　会中、会后礼仪

1. 准备工作（表6-3）

表6-3　会中、会后礼仪训练准备工作

场 地 准 备	工 具 准 备	课 堂 布 置	教 师 要 求
1张桌子/组 6把椅子/组	6个文件夹/组	6人/组、4组	着职业装

2. 分组讨论

根据知识储备，分组讨论会议期间具体安排的要求以及如何在会议结束后进行全面总结，同时结合4S店相关岗位的要求，组内同学分别发表对于汽车商务人员不同岗位在会议期间和会议结束要求的认识，组内记录员负责记录、汇总。

3. 模拟演练

根据组内讨论的岗位要求，小组内部分角色进行会议筹备模拟练习，组内其他同学进行指导、调整，然后组内互换角色再次进行练习。

4. 展示评比

各组选出最优秀的队员进行组间展示，各小组组长进行打分，找出缺点、评出最优。

5. 评价表（表6-4）

表6-4 会中、会后礼仪评价表

评价项目	情景展示 （2分）	妆容要求 （2分）	礼貌用语 （4分）	表情到位 （2分）	总分 （10分）	
评价标准	符合 岗位要求	妆容合理	礼貌用语得体	表情自然	自评（ ）	互评（ ）
第 组						
点评记录	优点					
	缺点					

6. 自我总结

_____

_____

_____

 # 学习情景二　汽车商务会展礼仪

学习目标

知识目标：通过学习，学生能够掌握汽车商务会展的礼仪及相关知识。

能力目标：学生能够在汽车商务会展的情景中熟练运用汽车商务会展的基本礼仪及技巧。

情感目标：学生能够发自内心地认可汽车商务会展礼仪，提升自身的素质和修养。

情景导入

小季从L市某职业学院毕业，经过面试，顺利进入了L市某汽车4S店做汽车销售顾问。公司近期要参加一次车展，为此总经理特意召开了一次全体职工大会，要求员工回去思考本次会展，每人都要献言献策，力争通过本次车展提升本店的销售业绩，提升公司形象。小季作为新进员工，也想通过本次机会展现一下自己，可是苦于没有这方面的经验，无从下手。那么，对于商务会展尤其是汽车商务会展，汽车商务人员应该掌握哪些会展知识和会展礼仪呢？

活动一 》》 展览会筹备礼仪

最早的汽车展览出现在1889年的巴黎博览会上，刚刚问世不久的汽车第一次向公众展示。这次博览会以埃菲尔铁塔为中心，吸引了3200多万名观众。1893年，芝加哥世界博览会展出了蒸汽汽车、电动汽车和所有在普通公路上行驶的非马力载客车辆，在展览会上，一些电动汽车被用来运送参观者，受到极大的欢迎。以后的展览会常组织汽车赛、展示汽车装配过程、放映有关汽车的电影，以生动的视觉形象向公众介绍道路的发展和汽车的工作原理，以最新的科技成果和对未来的梦想吸引广大观众。

近年来的汽车展览会，各大汽车企业更是使出浑身解数，车展摄影大赛、现场游戏体验、城市越野新体验等活动燃烧着车市激情，引领着车市新风尚。

展览会在商务交往中往往发挥着重大的作用。它不仅具有极强的说服力、感染力，可以现身说法打动观众，为主办方广交合作伙伴，而且可以借助于个体传播、群体传播、大众传播等各种传播形式，使有关主办单位的信息广为传播，提高其名气与声誉。正因如此，几乎所有的商界单位都对展览会倍加重视，踊跃参加。

展览会礼仪通常指商界单位在筹备、组织展览会时应遵循的规范与惯例。有些展览会由参展单位自行组织，有些展览会由社会上的专门机构组织。不论组织者由谁来担任，都必须认真做好具体的工作，力求使展览会取得完美的效果。

展览会正式开始前，组织者需要进行的重点工作主要包括参展单位的确定、展览内容的宣传、展示位置的合理分配、安全保卫的事项、辅助服务的项目和现场迎接工作等。

知识储备一　参展单位的确定

一旦决定举办展览会，邀请什么单位来参加是非常重要的。在具体考虑参展单位的时候，必须注意两相情愿，不得勉强。按照商务礼仪的要求，主办单位事先应以恰当的方式向拟参展的单位发出正式的邀请或召集。邀请或召集参展单位的主要方式有刊登广告、寄发邀请函、召开新闻发布会等。

无论采用哪种方式，均须同时将展览会的宗旨、展出的主要题目、参展单位的范围与条件、举办展览会的时间与地点、报名参展的具体时间与地点、咨询有关问题的联络方法、主办单位拟提供的辅助服务项目、参展单位所应负担的基本费用等，一并如实地告之，以便对方据此决定是否参展。对于报名参展的单位，主办单位应根据展览会的主题与具体条件进行必要的审核，切勿良莠不分，来者不拒。当参展单位的正式名单确定以后，主办单位应及时地以专函进行通知，让被批准的参展单位尽早准备。

知识储备二　展览内容的宣传

为了引起社会各界对展览会的重视，并且尽量地扩大其影响，主办单位有必要对其进行大力宣传。宣传的重点应当是展览的内容，即展览会的展示陈列之物。因为只有它才能真正吸引各界人士的注意和兴趣。对展览会，尤其是对展览内容进行宣传，主要可以采用下述8种方式：

1）举办新闻发布会。

2）邀请新闻界人士到场进行参观、采访。

3）发表有关展览会的新闻稿。

4）公开刊发广告。

5）张贴有关展览会的宣传画。

6）在展览会现场散发宣传性材料和纪念品。

7）在举办地悬挂彩旗、彩带或横幅等标志性物品。

8）利用升空的彩色气球和飞艇进行宣传。

以上8种方式可以只择其一，也可多种同时并用。在具体进行选择时，一定要量力行事，并且要严守法纪，注意安全。为了搞好宣传工作，在举办大型展览会时，主办单位应专门成立对外宣传机构。其正式名称可以叫新闻组，也可以叫宣传办公室。

知识储备三　展示位置的分配

展览现场的规划与布置是展览会举办方的重要职责之一。在布置展览现场时，基本的要求是展示陈列的各种展品要围绕既定的主题，进行互为衬托的合理组合与搭配，要在整体上显得井然有序、浑然一体。展品在展览会上进行展示陈列的具体位置称为展位。理想的展位除了收费合理之外，应当面积适当，客流较多，处于展览会较为醒目之处，设施齐备，采光、水电的供给良好。

在一般情况下，展览会的组织者要充分满足参展单位关于展位的合理要求。假如参展单位较多并且对于较为理想的展位竞争较为激烈，展览会的组织者可依照展览会的惯例，采用下列方法对展位进行合理的分配。

1. 对展位进行竞拍

由组织者根据展位的不同，制定不同的收费标准，然后组织一场拍卖会，由参展者自由竞价，由出价高者获得其中意的展位。

2. 对展位进行投标

由参展单位依照组织者所公告的招标标准和具体条件自行报价，并据此填具标单，由组织者按照"就高不就低"的常规，将展位分配给报价高者。

3. 对展位进行抽签

将展位编号，然后将号码写在纸签上，由参展单位的代表在公证人员的监督下每人各取一个，以此来确定其各自的具体展位。

4. 按"先来后到"的原则分配

以参展单位正式报名的先后为序，谁先报名，谁便有权优先选择其看中的展位。

不管采用上述何种方法，组织者均须事先将其广而告之，以便参展单位早做准备，尽量选到称心如意的展位。

知识储备四　安全保卫的事项

无论展览会举办地的社会治安环境如何，组织者对有关的安全保卫事项均应认真对待，免得由于事前考虑不周而出现麻烦。在举办展览会前，必须依法履行常规的报批手续。此外，组织者还须主动将展览会的举办详情向当地公安部门进行通报，以求其理解、支持与配合。举办规模较大的展览会时，最好从合法的安保公司聘请一定数量的安保人员，将展览会的安保工作全权交予对方负责。为了预防天灾人祸等不测事件的发生，应向声誉良好的保险公司进行数额合理的投保，以便利用社会的力量为自己分忧。

在展览会入口处或展览会的门券上，应将参观的具体注意事项正式成文列出，使观众心中有数，以减少纠纷。展览会组织单位的工作人员均应自觉树立良好的防损、防盗、防火、防水等安全意识，为展览会的平安尽一份力。按照常规，有关安全保卫的事项，必要时由有关各方正式签订合约或协议，并且进行公证。

知识储备五　辅助的服务项目

主办单位作为展览会的组织者，有义务为参展单位提供一切必要的辅助性服务项目，否则会影响自己的声誉。展览会的组织者要事先对为参展单位提供的各项辅助性服务项目的有关费用进行详尽的说明。

具体而言，为参展单位提供的辅助性服务项目，主要包括下述8项内容：

1）展品的运输与安装。

2）车、船、机票的订购。

3）与海关、商检、防疫部门的协调。

4）跨国参展时，有关证件、证明的办理。

5）电话、传真、计算机、复印机等现代化的通信联络设备。

6）举行洽谈会、发布会等商务会议或休息时的场所。

7）餐饮以及展览时所需的零配件的提供。

8）供参展单位选用的礼仪人员、讲解人员、推销人员等。

技能训练　一般展览会筹备工作礼仪

1. 准备工作（表6-5）

表6-5　一般展览会筹备工作礼仪训练准备工作

场 地 准 备	工 具 准 备	课 堂 布 置	教 师 要 求
1张桌子/组 6把椅子/组	6个文件夹/组	6人/组、4组	着职业装

2. 分组讨论

根据知识储备，分组讨论展览会筹备的具体工作，工作要具体到组内每一位同学，组内记录员负责记录、汇总。

3. 模拟演练

根据组内讨论的岗位要求，小组内部分角色进行筹备展览会模拟练习，组内其他同学进行指导、调整，然后组内互换角色再次进行练习。

4. 展示评比

各组选出最优秀的队员进行组间展示，各小组组长进行打分，找出缺点、评出最优。

5. 评价表（表6-6）

表6-6　一般展览会筹备工作礼仪评价表

评价项目	情景展示 （2分）	妆容要求 （2分）	礼貌用语 （4分）	表情到位 （2分）	总分 （10分）	
评价标准	符合 岗位要求	妆容合理	礼貌用语得体	表情自然	自评（　）	互评（　）
第　组						
点评记录	优点					
	缺点					

6. 自我总结

_____

_____

_____

活动二 》 会展期间及撤展礼仪

知识储备一　展会现场管理礼仪

迎接是会展活动中一项最常见的工作，也是会展活动主办方的诚意、形象及礼仪素养的重要体现。迎接工作就像会展活动的门面工程，若各环节处理得好，会给参加会展活动的代表留下美好而深刻的第一印象，并为即将举行的会展活动顺利开展打下基础。因此，在会展活动中，迎接工作应事先拟订计划，由指定的部门和人员负责，注重接待礼仪的规范，把握好迎接中的工作细节。

1. 迎接会展代表

在会展活动方案中，常在机场和车站设立观众接待站，为观众提供接待和咨询服务。训练有素的迎接人员，会给会展代表们留下美好、愉悦的第一印象。

2. 办理证件

对于人员较多的代表团，可事先将资料、票证办妥并发放给他们。对于在现场办证的代表，则应依据办证程序办理，接待人员应向远道而来的代表表示问候，并耐心地请代表出示邀请函、相关证件等，指导他们填写办证表格，引导代表来到制证场地等候办证。在办证过程中应多使用礼貌语言，如"请坐好""请看摄像头""请稍候"等，最后将制作好的证件双手递送给代表。

3. 现场投诉接待

会展活动的综合性特点决定了投诉往往伴随着会展活动的开始而产生。任何一个环节出现问题，都有可能造成会展参与者的不满和投诉。会展接待人员在接待投诉时，必须遵守代表至上的原则，妥善处理投诉。

4. 现场问题控制

在展会过程中随时随地有可能发生一些意外的事情，因此在展会期间，必须有现场管理者维持秩序。现场管理者也是一个协调者，如果发生问题，他们可以在主办单位、参展单位、参观者和政府各部门之间进行沟通。

5. 其他服务

在展会期间，应做好大会的参观人数的统计、分类；大会展览会刊的发放，协调展会期间研讨会议组织安排工作，使研讨会与展览会有机结合；做好中间人形象，积极为企业牵线搭桥，为企业服务，如为企业提供洽谈间（休息室）、签约场所；及时将参观者的信息反馈给企业，积极与企业沟通，了解企业的想法及要求；统计大会的成交额；听取参会代表对大会的意见和建议；邀请参展商继续参加第二年展会等。

知识储备二　司仪礼仪

会展司仪是会展各种仪式、活动的主持人，从事会展仪式、活动方案策划、程序推进、气氛调节和关系沟通等工作，是协助仪式、活动现场控制，也是串联整个会展仪式、活动进程的灵魂人物。可见，司仪是会展活动中不可或缺的重要角色，所以掌握司仪礼仪规范是司仪人员工作的重中之重。

1．准备工作

在主持各种仪式、活动之前，为了导入、串联、配合会展仪式、活动的各环节，推进活动程序，司仪人员一般要做好如下工作：

1）了解会展仪式、活动的各种目的及要求。

2）尽可能参与会展活动方案的构思和撰写。

3）承担会展仪式、活动细节的筹办。

4）熟悉会展仪式、活动的程序。

5）明确主持活动过程中的礼仪要求。

可见，会展司仪人员不仅需要具备良好的语言表达能力，还应做好主持活动前的各项准备工作，做到心中有数，从而为会展活动的顺利进行打下良好的基础。

2．活动过程

在主持仪式、活动时，司仪一般按以下程序进行：

1）活动开始。司仪应严格控制时间进程，在仪式、活动开始前，应力争让一切工作准备就绪，并安排主席台上的会议领导及嘉宾依次入席，严格执行议程的时间安排。

2）奏国歌。为了表现对按时出席仪式及活动的领导和嘉宾的尊重，司仪人员应当准时宣布会展仪式、活动正式开始，并请全体起立、奏国歌。

3）介绍来宾。介绍"出席××活动的领导、贵宾"时，应按职位高低宣布。一般情况下，先宣布外宾、外单位领导人的名字，各主办单位领导应排在宾客后面，但如果主办单位领导是国家领导人则应先报。如果有外国驻华大使参加，因其是外国元首的代表，故宣读名单时其位置应提前。

4）开幕词。司仪邀请领导或贵宾致辞，内容可包括此次会展活动举办的缘由及意义，对所有来宾表示感谢，对会议、展览活动的祝愿和期待。祝词或开幕词应当热烈而简短。

5）介绍活动程序。司仪的介绍能让代表们了解仪式、活动的具体安排及时间。

6）宣布活动开始。宣布会展仪式、活动开始，一般以剪彩、奏乐、舞狮等为标志。

7）参观展览。司仪按程序进行会展各项活动或邀请嘉宾参观展览。此外，会展司仪人员可适当地与会展活动参与者进行交流互动，营造气氛。会展主持人的礼仪表现对会展仪式、活动能否取得圆满成功有着重要的影响。

知识储备三　演讲礼仪

演讲又称讲演或演说，它是向听众就某一事件、某一问题，发表个人见解或是论证某种观点，是当众进行的一种正规而庄严的讲话。演讲具有明确的目的性，简单地说，它只是为了传递一种信息；具体地说，它是为了阐明一个事实、提供一种见解、分析一个事物、说服一个群体。演讲具有姿态语言配合有声语言、情真意切的特点，能更吸引听众和观众，具有强大的交流功能，并为会展活动的成功奠定基础。

会展活动中常见的演讲形式有欢迎（致贺）、欢送（答谢）、讲解（介绍）等，为了便于掌握，以下分别介绍几种不同形式的演讲应注意的礼仪问题。

1．欢迎（致贺）时的演讲礼仪

在会议、展览开幕时，为会展活动的举行而表示祝贺，为远道而来的嘉宾致上一份热情洋溢的欢迎词，往往必不可少。准备贺词及欢迎词时，通常应考虑对象、场合、内容与态度等。欢迎（致贺）时演讲的重点在于欢迎与祝贺。

1）演讲时间设定在3min左右即可，一般不要超过5min，否则演讲的效果会有所降低。

2）演讲稿应事先准备并加以背诵，以便在演讲台上能应付自如，不应低头照念稿子。

3）演讲者的语言应生动、形象、幽默、风趣，可使用名言、诗词或描绘性的语句，以增强演讲的效果，但要注意不能使用不规范的语言或乱开玩笑，否则会引起听众的反感。演讲的开场白没有固定模式，可以首先介绍一下自己的姓名，并向来宾致意，郑重表示欢迎之意，然后对即将举行的活动表示祝贺、建议与希望等。

2. 欢送（答谢）时的演讲礼仪

会展活动结束时，应对参加会展活动的代表及嘉宾表示感谢和欢送。与欢迎相比，欢送多了一分惜别、少了一分热烈，但更增添了真情实感，所以欢送时的演讲重点在于感谢与祝福。

1）演讲者可对会展活动进行回顾和总结。

2）演讲者可表达惜别之情。

3）演讲者应对参加会展活动的代表及嘉宾表示感谢并送出美好的祝福。

3. 讲解（介绍）时的演讲礼仪

在会展活动中，这种演讲形式十分常见，尤其是在确定主题的会议或展览会上，相关人员、展位服务人员需要对会议推介的项目、展览展出的产品及企业进行讲解和介绍。演讲者应注意以下三点：

1）注重与听众、观众的交流，演讲时可适当使用手势，让观众的注意力转移到需要介绍的产品和内容上。

2）解说应具有针对性。解说和介绍的内容应针对展览或会议的主题，突出项目和展品的特点及优势。

3）解说时应镇定、大方，并配合需要介绍的项目和产品选择解说的风格，既要保持演讲者的风度，也要注意演讲的效果。

知识储备四　展会撤展礼仪

展会的撤展工作一般安排在大会的最后一天下午，主要进行会场情况登记和出馆工作。派送撤展通知要求如下：

1）保持馆内秩序。

2）要求每个参展商清理自己的展品，并保管好。

3）有序地组织出馆。

4）进行最后的清理工作。

展览会的会后总结是展览会的延续，在结束整个展会后，要求对整个展览会工作及整体情况进行一个整体分析，以便合理开展今后的工作。

技能训练 展览会及撤展礼仪

1. 准备工作（表6-7）

表6-7 展览会及撤展礼仪训练准备工作

场 地 准 备	工 具 准 备	课 堂 布 置	教 师 要 求
1张桌子/组 6把椅子/组	6个文件夹/组 宣传单页若干	6人/组、4组	着职业装

2. 分组讨论

根据知识储备，分组讨论展览会开展及撤展的具体要求，具体分工要详细到每一位同学，组内记录员负责记录、汇总。

3. 模拟演练

根据组内讨论的岗位要求，小组内部分角色进行展览会开展及撤展模拟练习，组内其他同学进行指导，然后组内互换角色再次进行练习。

4. 展示评比

各组选出最优秀的一组选手进行组间展示，各小组组长进行打分，找出缺点、评出最优。

5. 评价表（表6-8）

表6-8 展览会及撤展礼仪训练评价表

评价项目	情景展示 （2分）	妆容要求 （2分）	礼貌用语 （4分）	表情到位 （2分）	总分 （10分）	
评价标准	符合 岗位要求	妆容合理	礼貌用语得体	表情自然	自评（　　）	互评（　　）
第　　组						
点评记录	优点					
	缺点					

6. 自我总结

_____

_____

_____

活动三 >> # 汽车展览会

知识储备一 **汽车展会目的确定**

不同的汽车企业在不同的时间参加展览会的目的不尽相同，一般有五个目的：一是宣传品牌；二是宣传车型；三是获得客户；四是观摩学习；五是研究和开发市场。

汽车企业在选择展览会时，应结合参展目的重点考虑以下四个因素。

1. 要尽可能多地了解展览会资料

了解这个展览会覆盖的地区有多大，展览会的声誉；了解展览会的办展历史、规模、影响力、专业观众人数、展出内容（每届主题）、举办周期、地点、参展者的构成等；还要了解展览会主办方的资质及上一届展览会的总体情况，以及展览会预订场地的费用、时间安排。展览会不一定越大越好，关键是要选择合适的。

2. 要尽量选择参加分类明晰、定位明确、专业性强的专业展

对于有些被笼统称为博览会的展览会，尽管展出的面积不小，规模也较大，但参观者的水平参差不齐，专业人士不多，这样的展览会，企业在选择时要慎重，切忌盲目参展。汽车行业的企业可以选择参加汽车、汽车零部件或汽车用品类的展览会。这类展览会专业分类清晰、定位明确，参观者都是专业人士，往往能取得明显的效果。

3. 要选择参加辐射面广的展览会

企业参展的目的是促销，故应考虑展览会的辐射面。例如国内北京汽车展览会和上海汽车展览会都是国际性的，辐射的范围比其他城市的车展要广；再如美国的展览会，会辐射到加拿大、墨西哥和拉美的一些国家；欧洲的展览会，可以辐射到欧洲直至北非的一些区域。

4. 要结合企业的目标市场，阶梯式持续参展

出展效果的直接体现是开拓市场和促销，潜在的还有企业实力和形象的展示和宣传。有这样一个客户，在考察了某参展企业三年的参展情况后才决定正式洽谈合作一并发展成为合作伙伴。原因有三个：一是合作者认为这家企业参展的展品每年都在更新并逐渐系列化，由此确定该公司是在迅速发展的；二是认为该企业连续阶梯式参展，说明其目标市场确定并一直为之努力，这种企业会有合作前景；三是认为该企业经过几年尝试，已能适应目标市场的质量要求并已了解贸易习惯。这个例子体现了一个企业连续阶梯式参展所带来的潜在效果。

知识储备二　汽车展会策划礼仪

展览会以其事业性、针对性的特点逐渐成为国际、国内企业直接面对客户展示自己的极好平台。与此同时，一种新的礼仪文化随之诞生，即展览礼仪。尤其是近几年来伴随汽车展览业的发展，汽车企业对展览策划也越来越重视。

汽车展览策划是参加展览会的汽车企业在参展前做的活动设计方案。它包括硬件的展位、展台布置以及与之配合的各种声、光、电效果；软件的宣传促销活动、展览礼仪模特的培训及包装等，以使企业的优势最大限度地表现出来。

汽车展览策划可考虑从以下五个方面进行：

1）了解展览会的类型、企业品牌、产品特点、展台风格、展位的周边环境及竞争对手的情况。

2）通过所掌握的资料进行整个展览活动的创意策划，如展台设计、影视效果、解说效果等。

3）根据活动的策划和创意，选择礼仪小姐，并对其进行分工，如解说员、演员、展示员、接待员，并对其进行培训。

4）根据汽车品牌、参展车型、展示风格，选择车模，并进行服装的设计制作，力求充分表现一个品牌或车型的特色。

5）策划展前宣传工作，邀请和吸引客户。可采取直接发函、登门拜访、通过媒体做广告、现场宣传、派发资料等手段。

知识储备三　参展汽车企业形象

在参与展览时，参展单位的整体形象会直接映入观众的眼里，因而对自己参展的成败影响极大。参展单位的整体形象主要由展品的形象与工作人员的形象两部分构成，对于二者要给予同等的重视。

1. 汽车展品的形象

汽车展品的形象主要由展品的外观、展品的质量、展品的陈列、展位的布置、发放的资料等构成。用以进行展览的展品外观上要力求完美无缺，质量上要优中选优，陈列上要既整齐美观又讲究主次，布置上要兼顾主题的突出与观众的注意力。用以在展览会上向观众直接散发的有关资料，则要印刷精美、图文并茂、资讯丰富，并且注有参展单位的主要联络方法，如公关部门与销售部门的电话、电报、传真以及电子邮箱等。

2. 工作人员的形象

工作人员的形象主要指在展览会上直接代表参展单位露面的人员的穿着打扮。在一般情况下，要求在展位上工作的人员统一着装。最佳的选择是身穿本单位的制服，或是穿深色的西装、套裙。在大型的展览会上，参展单位若安排礼仪小姐迎送宾客，最好请其身穿色彩鲜艳的单色旗袍，并胸披写有参展单位或其主打展品名称的大红色带。为了说明各自的身份，全体工作人员皆应在左胸佩戴标明本人单位、职务、姓名的胸卡，唯有礼仪小姐可以例外。按照惯例，工作人员不应佩戴首饰，男士应当剃须，女士最好化淡妆，如图6-5所示。

图6-5　工作人员形象图

能否在展会上取得成功，在很大程度上取决于展位接待人员的表现。因此，企业在参展前应注意对展位接待人员的挑选，并对展位人员进行专业知识及礼仪接待等各方面的培训。在展位接待过程中应注意以下礼仪要求：

（1）热情待客　展会实际就是现场营销的战场，展会上容易分散人们注意力的因素有很多，因此，展位接待人员应当在开展前做好相应的准备，热情待客，用微笑对待每一位经过展位的观众，主动向对方打招呼，如"您好，欢迎参观""请您参观"等。对于正在展位参观的观众，接待人员应耐心地进行讲解并善于分辨及识别潜在客户，分发相关的印刷品和宣传材料，真诚地道别，如"谢谢光临"等。不能对观众的提问置之不理，应让观众高兴而来，满意且带着收获离去，使展位展览取得成功。

（2）熟悉展品　接待前应该对展位的接待人员进行必要的专业知识培训，如有针对性地让接待人员了解一些公司产品的资料、竞争对手的信息以及重要客户的情况，明确参展的目的和期望，以便胸有成竹地与观众和潜在客户打交道。

（3）善于交流　展会接待人员要擅长和陌生人交谈，了解观众及客户的需要，具有较好的亲和力。此外，还要拥有一定的解说技巧，能够因人而异，使解说具有针对性。展位接待语言应简洁、明了，选用最简短而富有条理的话语，抓住观众的心理、展品的特点，适时地与观众进行交流并提供服务，以树立公司的专业形象。

（4）学会倾听和解说　展位上的倾听十分重要，接待人员应专注而有意识地倾听，并从中发现观众的兴趣爱好。讲解时，应注意语言流畅，语调柔和，声音清晰。同时，还要善于运用解说技巧，向观众介绍或说明展品，应当掌握基本的方法和技能。解说技巧可按展会类型不同而有所侧重。

（5）礼貌欢送　当观众离去时，接待人员应礼貌地与观众道别，并致以"谢谢参观，再见"等礼貌用语，给观众留下一个美好而难忘的印象。

3. 汽车模特的形象

车展模特与时装模特不同。车模要表现车，不要展示自我，应通过气质、装束、造型、语言、表演、创意及汽车知识表现等方面来体现汽车的品位和用途。因此，对汽车模特的选择更加严格。

（1）气质匹配　每一车型都具有不同于其他车型的气质和内涵，模特的气质应极大地与车型相互匹配，达到车人合一。例如丰田的丰田品牌与雷克萨斯品牌，不仅所选择的模特要有所不同，其着装也应泾渭分明。

（2）喜爱展品　模特只有喜欢一款车、了解一款车，才能真正影响到消费者，让消费者爱屋及乌。

（3）有耐力　汽车展览时间长、场地小，要求汽车模特工作的时间相对较长，需要一定的耐力。

（4）具备汽车专业知识　从某种意义上讲，汽车模特也是汽车推销员，她不仅仅是装饰、点缀，有时也要解答观众的疑问。

展览一旦正式开始，全体参展单位的工作人员和模特即应各就各位，站立迎宾，不允许迟到、早退、无故脱岗、东游西逛，更不允许在观众到来时坐卧不起、怠慢对方。

当观众走近自己的展位时，不管对方是否向自己打招呼，工作人员都要面含微笑，主动地向对方说："您好!欢迎光临!"随后，还应面向对方，稍许欠身，伸出右手，掌心向上，指尖指向展台，告知对方："请您参观。"

当观众在本单位的展位上进行参观时，工作人员可随行于其后，以备对方向自己进行咨询；也可以请其自便，不加干扰。假如观众较多，尤其是在接待组团而来的观众时，工作人员可在左前方引导对方进行参观。对于观众提出的问题，工作人员要认真做出回答，不能置之不理，或以不礼貌的言行对待对方。

当观众离去时，工作人员应当真诚地向对方欠身施礼，并道以"谢谢光临"或是"再见!"在任何情况下，工作人员均不得对观众恶语相加或讥讽嘲弄。对于极个别不守展览会规则而乱摸乱动、乱拿展品的观众，仍须以礼相劝，必要时可请保安人员协助，但不许进行打骂、扣留或者非法搜身。

技能训练　汽车展览会礼仪

1. 准备工作（表6-9）

表6-9　汽车展览会礼仪训练准备工作

场 地 准 备	工 具 准 备	课 堂 布 置	教 师 要 求
1张桌子/组 6把椅子/组	6个文件夹/组 汽车宣传单页若干	6人/组、4组	着职业装

2. 分组讨论

根据知识储备，分组讨论汽车展览会的具体要求，同时结合4S店相关岗位的要求，重点讨论汽车销售人员在展览会上如何工作，更能体现出汽车销售人员的职业特色和气质，组内记录员负责记录、汇总。

3. 模拟演练

根据组内讨论的岗位要求，小组内部分角色进行汽车展览会模拟练习，组内其他同学进行指导、调整，然后组内互换角色再次进行练习。

4. 展示评比

各组选出最优秀的队员进行组间展示中，各小组组长进行打分，找出缺点、评出最优。

5. 评价表（表6-10）

表6-10　汽车展览会礼仪评价表

评价项目	情景展示 （2分）	妆容要求 （2分）	礼貌用语 （4分）	表情到位 （2分）	总分 （10分）	
评价标准	符合 岗位要求	妆容合理	礼貌用语得体	表情自然	自评（　）	互评（　）
第　　组						
点评记录	优点					
	缺点					

6. 自我总结

_____

_____

_____

【思维拓展】　扫描二维码收听故事，回答问题。

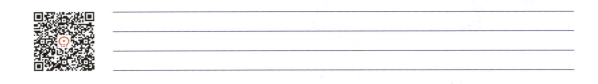

_____

_____

_____

_____

_____

学习领域七
汽车商务求职面试礼仪

　　求职是用人单位和应聘者的双向选择，是一个应聘的过程。"求"是申请，而非"哀求""请求"。求职者要做好自我定位，以自己的专业知识、能力与才华打动面试官，赢得岗位。求职应聘是一种检测性的被动交谈，事前应有充分准备，不要出现面试恐惧症。对于主考官可能提出的各种各样难以回答的问题，应聘者要做到临阵不慌，用冷静的心态、理智的语言、正确的思维予以恰当的回答。在面试中，如果遇到实在不会答或不懂的问题，就应坦诚相告。

　　礼仪是无声的"语言"，是促进交流、合作的手段，是一个人公共道德修养的体现，也是衡量个人形象的重要标准。作为马上就要踏上求职路的一名学生，面试中礼仪占了很大的比重。参加面试要掌握必要的基本礼仪，学会推销自己，为成功求职铺平道路。只有这样，才能发挥自己的竞争优势，在求职中取胜，进而实现自己的目标。

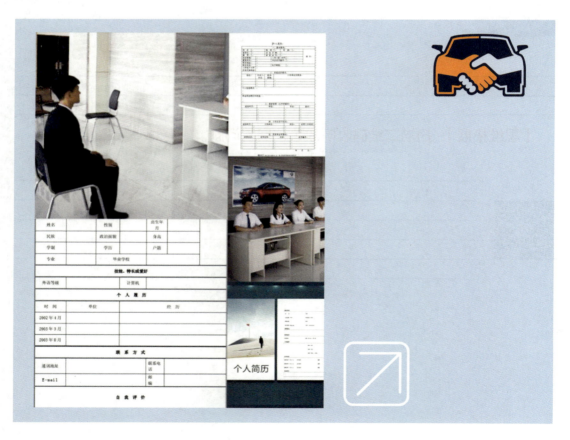

学习情景一 汽车商务求职面试准备

学习目标

知识目标：通过学习，学生能够掌握求职面试前所需要做的准备。

能力目标：通过对求职面试准备的学习，能够根据自身的定位，进行合理的安排和准备。

情感目标：学生能够通过对求职面试的准备，提升自身的综合素养。

情景导入

小李是L市××职业学院汽车服务专业的一名准毕业生，即将踏上找工作的征程。面对越来越大的社会就业压力，小李希望能找到一个适合自己的工作，他应该怎样准备呢？

活动一 >> 求职面试定位

求职面试时，很多人容易犯的错误是定位很模糊。因为太模糊、太泛泛，企业面试人员听了后，并不能感觉到你能为公司带来什么，进而，你就失去了定位的优势。只有找到了真正适合自己的定位，你才能在面试中胜券更大，也才能在日后的工作中得心应手。否则，你就是在用自己的劣势同别人的优势竞争。你所选的这一定位，一定要是自己最为擅长的方面，一定要是自己的核心优势！那究竟应当如何去挖掘真正适合自己的定位呢？

知识储备一 职业定位的基本原则

1. 明确自身优势

要明确自己的能力大小，就需要进行自我分析。进行自我分析，旨在深入了解自身，根据过去的经验选择、推断未来可能的工作方向与机会，从而彻底解决"我能干什么"的问题。只有从自身实际出发、顺应社会潮流，有的放矢，才能马到成功。要知道每个个体都是不同的、有差异的，我们就是要找出自己与众不同的地方并发扬光大。定位就是给自己亮出一个独特的招牌，让自己的才华更好地为招聘单位所识；对自己的认识分析一定要全面、客观、深刻，绝不回避缺点和短处。同时，展现你的优势，即你所拥有的能力与潜力。

2. 发现自身的不足

1）性格的弱点。人无法避免与生俱来的弱点，对此必须正视，并尽量减少其对自身的影响。例如，一个独立性强的人会很难与他人默契合作，而一个优柔寡断的人绝对难以担当组织管理者的重任。卡耐基曾说："人性的弱点并不可怕，关键要有正确的认识，认真对待，尽量寻找弥补、克服的方法，使自我趋于完善。"因此要注意安下心来，多跟别人沟通，尤其是要多与自己相熟的人交谈，如父母、同学、朋友等。看看别人眼中的你是什么样子的，与你的预想是否一致，找出其中的偏差，这将有助于自我提高。

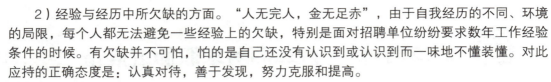

2）经验与经历中所欠缺的方面。"人无完人，金无足赤"，由于自我经历的不同、环境的局限，每个人都无法避免一些经验上的欠缺，特别是面对招聘单位纷纷要求数年工作经验条件的时候。有欠缺并不可怕，怕的是自己还没有认识到或认识到而一味地不懂装懂。对此应持的正确态度是：认真对待，善于发现，努力克服和提高。

3. 明确选择方向

通过以上自我分析认识，可明确自己该选择什么职业方向，即解决"我选择干什么"的问题，这是个人职业生涯规划的核心。职业方向直接决定着一个人的职业发展，职业方向的选择应按照职业生涯规划的四项基本原则，结合自身实际来确定。

1）选己所爱的原则。即选择自己热爱的职业，从内心自发地认识到要"干一行，爱一行"。只有热爱它，才可能全身心地投入，做出一番成绩。

2）择己所长的原则。即选择自己所擅长的领域，才能发挥自我优势，注意千万别当职业的外行。

3）择世所需的原则。即所选职业只有为社会所需要，才有自我发展的保障。

4）择己所利的原则。即应该本着利己、利他、利社会的原则，选择合适自己、有发展前景的职业。

4. 保持良好的心态

有的求职者存在过分的自卑心理，总认为自己技不如人，拿自己的短处与别人的长处去比，因而不敢主动地推销自己。其实每个人都有自己的长处与短处，成功人生的诀窍就是经营自己的长处！因此，一个人如果站错了位置，用他的短处而不是长处来谋生，那后果肯定不会理想，他可能会在永久的卑微和失意中沉沦。故在选择职业时，要考虑是否能发挥自己的一技之长。不要过多地考虑这个职业能给你带来多少财富、能不能使你成名，而是应该把最能发挥你个人优势的职业作为首选。因为，你若能发挥自己的特长，财富是可以慢慢积累的；经营自己长处能给你的人生增值，而经营自己的短处会使你的人生贬值。

知识储备二　职业定位分析方法

具有敏锐的洞察力和一定的前瞻力，能够审时度势，能够就复杂问题进行分析判断，善于站在不同角度考虑问题等是基本的职业精神和能力。看一个人是否具有这些能力就必须从职业发展的分析方法入手。

1. SWOT分析法

SWOT分析法又称为态势分析法，SWOT的4个字母分别代表：strengths（优势）、weaknesses（劣势）、opportunities（机会）、threats（威胁）。SWOT分析法依照一定的次序按矩阵形式罗列，然后运用系统分析的研究方法将各因素相互匹配起来进行分析研究，从中得出一些相应的结论，以便充分认识、掌握、利用和发挥有利的条件和因素，控制或化解不利因素和威胁，扬长避短，从而为个人或组织发展选择最佳的战略方法。它是一种能够较客观而准确地分析和研究个人或组织现实情况的方法，也经常被用于个人职业目标的制定和发展等。

SWOT分析法通过对优势、劣势、机会和威胁加以综合评估与分析得出结论，然后根据个人或组织的资源调整策略或目标，以便更好地达到既定目标。从整体上看，SWOT分析法可以分为两部分：

第一部分为SW，主要用来分析个人或组织机构的内部条件。

第二部分为OT，主要用来分析外部条件。

利用这种方法可以从中找出对个人或组织机关有利的、值得发展的因素，以及对自己不利的、要避开的东西，发现存在的问题，找出解决办法，并明确以后的职业方向。根据这个分析，可以将问题按轻重缓急分类，明确哪些是目前急需解决的问题，哪些是可以稍微拖后一点儿解决的问题，哪些属于战略目标（职业的定位）上的障碍，哪些属于战术（职业的发展）上的问题，并将这些研究对象列举出来，依照矩阵形式排列，然后用系统分析的思想把各种因素相互匹配起来加以分析，从中得出一系列相应的结论，而这些结论通常有利于个人或组织做出较正确的决策和规划。在完成环境因素分析和SWOT矩阵的构造后，便可以制订出相应的行动计划。

在利用SWOT分析法对自己进行个人职业的定位和发展分析时，可以先评估自己的长处和短处以便找出职业的机会和威胁。在填写个人分析表时，列出自己喜欢做的事情和长处及自己独特的技能、天赋和能力。SWOT分析通常是在某一时点对个人职业素质内外进行扫描，然后进行优势、劣势、威胁和机会的分析，从而形成各种内外匹配的职业定位和发展规划。

1）SO定位：依靠内部优势，利用外部机会。

2）ST发展：利用内部优势，回避外部威胁。

3）WO发展：利用外部机会，克服内部弱点。

4）WT定位：减少内部弱点，回避外部威胁。

在列出自己所具备的重要强项和短处后进行SWOT分析，然后标出那些认为对自己很重要的强弱势项目。

在运用SWOT分析法的过程中，因它的适应性会导致反常现象的产生。针对SWOT分析法在实际的使用中产生的一些微观问题，一些经常使用SWOT分析法的人会基于个人的经验将该分析法升级到POWERSWOT分析法，因为SWOT法分析法所产生的问题可以由更高级的POWERSWOT分析法得到解决。

POWERSWOT分析法中的POWER由个人的（Personal）、经验（Experience）、规则（Order）、比重（Weighting）、重视细节（Emphasize detail）、权重排列（Rank and prioritize）的首字母组成，这就是所谓的高级SWOT分析法。POWERSWOT分析法给SWOT分析法做了一些战略定义，以选择那些能够对个人或组织结构目标的制定产生最重要影响的要素，并按照从高到低的词序进行排列，然后优先考虑那些排名最靠前的要素。例如机会C=60%，机会A＝25%，机会B=10%，那么个人或组织机构目标的计划就得首先着眼于机会C，然后是机会A，最后才是机会B。由于个人或组织结构目标的导向性，如何应对机会就显得很重要了。接下来，应在优势与机遇间寻找一个切合点以消除当前优势与今后机会之间的隔阂。最后，尝试将威胁转化成机会并进一步转化成优势。策略分析法（Strategies）和高级的POWERSWOT分析法会帮助抹平两者之间的差异，使个人或组织机构在制订的发展计划或者制定的目标下更容易达到目标。

2. 5W2H分析法

5W2H分析法又叫"7为何"分析法，由第二次世界大战中美国陆军兵器修理部首创。它用5个以W开头的英语单词和两个以H开头的英语单词进行设问，发现解决问题的线索和思路，从而进行行动方案构思，以便更好地执行个人制定的职业目标等。

1）why——为什么要这么做？理由是什么？

2）what——目标是什么？做什么工作？

3）where——在哪里做？从哪里入手？

4）when——什么时间完成？什么时机最适宜？

5）who——谁来完成？谁负责？

6）how——怎么做？如何提高效率？如何实施？

7）how much——执行的成本是多少？费用产出如何？

知识储备三 搜集就业信息

就业信息指择业准备阶段，通过各种媒介传递的与就业有关的，对求职者选择从事职业或者岗位有价值的消息、资料、情报等的总和。它包括就业政策、就业机构、人事制度、劳动的供求状况、劳动用工制度、经济发展形势与趋势、国家发展规划、就业方法和招聘信息等。

1. 就业信息的特点（表7-1）

表7-1　就业信息的特点

社 会 性	就业信息具有面向社会大众的特点，有求职需求的人可相互传递、共享资源
时 效 性	就业信息有一定的期限，过了期限，效用就会减少，甚至丧失
变 动 性	就业信息受国家政治、经济形势的影响，也受所在地区、行业形势变化的影响
识 别 性	由于社会信息量大，信息难免有真有假，所以就业信息具有一定的识别性

2. 就业信息的收集渠道

学校就业指导办公室是为毕业生服务的常设机构，有专门的负责人和工作人员为毕业生提供各类招聘信息、就业派遣以及档案调查等服务，并承办各类招聘会和宣讲会。

各级人事部门举办的毕业生人才市场（如山东省大中专毕业生就业指导服务中心）会定期举办不同主题的招聘会。

招聘网站是目前最热门也比较快捷的找工作渠道。通过人力资源网站可以随时查询数万条有效信息。同时，可以通过电子邮件直接把履历表发送给用人单位。

各地人才交流会、广告传媒招聘以及社会关系网等都可以是就业信息搜集的渠道。

知识储备四 处理就业信息

1. 详细分析

研究用人单位的要求、具体岗位、发展形势、待遇条件、工作地点等，以此对信息做筛选、排序。将获得的信息进行科学筛选排序，保留与自己兴趣或者专业有关的部分，以达到收集和筛选信息的目的。

2. 重点了解

对于重要的信息要顺藤摸瓜、寻根究底，务求了解透彻，不能一知半解。要全面掌握情况，全面了解信息的中心内容，以便决策。

3. 对照衡量

避免盲目从众，不是所有的信息都适合自己。不要好高骛远地去挑选不适合自己的工作岗位，不切实际地对号入座，应正视现实与理想的差距。

4. 核实可靠性

对于来自不同渠道、时间的信息，要在有效的时间内对其进行可靠性的核实。一般从学校、主管部门和亲友处获得的信息较为准确可靠，应予以重视。同时应重视信息的时效性，重点了解用人单位要求在什么时间报名或面试、笔试等。

5. 避免盲从

获取用人单位信息以后，不能盲目信从，那种认为从报刊、亲友处获得的信息肯定可靠的心态是不可取的。绝不要未经筛选就轻率地做出选择，这样会错过良机或者耽误自己的时间。

6. 迅速反馈

信息具有很强的时效性，及时是财富、过期是垃圾，信息处理完毕后，应尽快向用人单位反馈，犹豫不决、举棋不定、模棱两可很可能会错失良机。同时，应根据职业信息及时调节自己的知识、技能结构，提高自己的工作能力，弥补不足。

 技能训练　求职信息筛选与自身定位

1. 准备工作（表7-2）

表7-2　求职信息筛选与自身定位训练准备工作

场 地 准 备	工 具 准 备	课 堂 布 置	教 师 要 求
5把椅子/组 2张桌子/组	A4纸3张/人	5人/组，4组	着职业装

2. 自我评价

根据自身情况，列举自己的优势并写在A4纸上，形式见表7-3。

表7-3　自己的优点和缺点

优点（自己）	
缺点（自己）	

3. 综合评价

在另外一张A4纸上列举本组其他人员的优点和缺点。小组内每个人在自己的后背上贴一张纸，其他同学在纸上写下这位同学的1个优点和1个缺点。写完以后，该同学将纸张拿下，统计别人对自己的评价，并将自己对自己的评价和别人对自己的评价进行比对，总结自己的优点和缺点，见表7-4。

表 7-4

优点（别人）	
缺点（别人）	
优点（总结）	
缺点（总结）	

4. 明确定位

根据自己的优势，定位自己适合的职业类型，各小组组长对本组人员的特点和最后的职业定位进行汇报。

5. 自我总结

_____

_____

_____

活动二 ≫　求职材料准备

求职材料是求职过程中的通行证和敲门砖，作用是获得下一轮的机会。求职材料是应聘者的个人广告，内容充实而又富有个性的简历会在众多简历中脱颖而出，吸引人事经理的注意。

知识储备一　求职材料原则

1. 真实性原则

求职材料是对自己学习、生活和实践经历的全面总结和反映，在内容上必须真实，切忌为赢得用人单位的好感而弄虚作假。

2. 规范性原则

规范性原则具体体现在以下方面：

1）既要反映自身的基本情况，又要反映自身优势、特长、爱好。

2）既要突出自己的优点、成绩，又要说明自身存在的缺点。

3）既要说明自己对职位感兴趣的原因，还要表达自己努力工作的决心。

4）既要格式规范，也要灵活变通。

3. 富有个性原则

富有个性原则 一方面要体现求职者的个性，另一方面要根据不同单位有所差异。

4. 突出重点原则

求职材料必须讲求简明扼要，突出重点，要让想了解你的人很快地、明确地看到你的基本情况。

5. 全面展示原则

一份好的求职材料是在突出重点的情况下全面地展示自己。求职材料一般应包括封面（写有姓名和联系方式）、个人简历（含有照片）、求职信、推荐表、成绩单、证书复印件、技能证书复印件等。

6. 结合实际原则

针对不同的单位，要有不同的简历。不是每一个单位都会详细浏览你的完整简历，因此要结合实际情况，有针对性地投递自己的简历。

7. 设计美观原则

求职材料要富有创意，特别是针对音频设计类岗位。对于这方面欠缺的同学，求职材料的版面至少要自然、朴实、理性、洁净。

8. 杜绝错误原则

所有材料要避免出现错误，无论是语法上的、文字上的、标点符号还是打印错误。

知识储备二　求职材料内容

1. 封面

封面的设计要简洁大方，既要能够完整地呈现自己的基本信息，也要突出新意。封面常用到毕业学校和与自己专业紧密相关的设计元素，颜色搭配也要合理，如图7-1所示。

图7-1　求职材料

2. 目录

求职材料设置目录可以方便人事招聘者迅速找到其所需要的相关信息，目录在一个正规的简历中是不可或缺的。

求职材料目录内容的一般顺序为简历、求职信、就业推荐表、成绩表、证书复印件。其中简历和求职信的顺序可以互换。求职目录中的页码要与材料所在的页码一致。

3．求职信

求职信是求职者写给用人单位的信，目的是让对方了解自己、相信自己、录用自己，它是一种私人对公并有求于公的信函。好的求职信应力求使招聘单位感受到求职者"鲜活"的形象和求职者的诚意。同时，还要能体现出求职者清晰的思路、良好的表达，以凸显求职者的交际能力和性格特征，见表7-5。

表7-5　求职信写作技巧

明确读信人	求职信的开头应注意称谓，要根据收信人的身份、地位给予适当的称谓，切忌直呼姓名
行文自然长短适当	求职信的篇幅不宜过长，一般一页纸为好，因此要求语言精练，内容丰富，行文流畅、自然。应避免出现错字、病句
内容具体紧扣主题	内容具体、深刻、真实、有说服力、用事实说话；紧扣应聘岗位，表达自己对所求职位的认识
表明愿望说出能力	表明所求职位，目标明确可增加命中的机会。根据不同的职位，说明自己不同的能力。用自己的经历、特长、社会实践、个性等优势吸引对方，获得进一步接触的机会
不卑不亢	用词要把握分寸，不卑不亢。既不能表现出畏首畏尾，把求职信变成乞求信，也不能好大喜功、自吹自擂、骄傲自满
不要谈薪水	一般求职信不宜提到工资、待遇、福利等问题
结尾有礼署名正确	要强调自己的愿望和要求，希望对方能给自己一个面试的机会，或者盼望对方能给予肯定的回答，或静候对方的回音。署名讲究大方、正确，不要炫耀自己
格式正确	求职信应该包括称谓、开头、正文、结尾、署名几个部分
布局简洁书写正确	要选用质地好的信纸书写或者用A4纸打印。切忌千篇一律，求职不同的职位，要用不同内容的求职信

4．个人简历

个人简历是求职者给招聘单位发的一份简要介绍，见表7-6。

表7-6　简历内容

基本情况	主要是姓名、性别、出生日期、民族、婚姻状况和联系方式等
教育背景	主要是初中至最高学历就读的学校、所学专业课程和所参加的各种专业知识和技能培训
工作经历	主要是参加工作至今所有的就业记录，包括公司单位名称、职务、就任及离任时间，应该突出所任每个职位的职责、工作性质等，此为求职简历的精髓部分
其他	主要是个人特长及爱好、其他技能、所属的专业团体、著作和证明人等

个人简历的基本要求见表7-7。

表7-7　基本要求

真实	给用人单位展现一个真实的自我。如果用人单位发现你的简历不真实，肯定不会聘用你的。内容包括相片、年龄、籍贯、学历、政治面貌、成绩、荣誉、所修课程、英语水平、计算机能力、课外生活、社会实践、特长等
自然贴切	个人简历是非常正式与重要的个人说明文件，要使人读起来自然、贴切。个人简历的内容安排、语言运用、修饰的选择等各个方面要自然，求职者在写自己学习、工作、社会实践经历时，不要任意夸大，留给人一个虚伪、自大的坏印象
简明	整个简历只要一张（A4）纸，内容要简练、精悍而且便于阅读
内容全面	一个全面的简历主要包括个人基本信息、求职意向、教育背景、工作经历、奖惩情况、外语能力、计算机能力、个人特长、兴趣爱好等

个人简历注意事项：

1）没有必要做成表格形式。

2）检查各项信息，确保准确无误。

3）重点内容突出。

4）一定不要出现错别字以及概念错误。

5）针对不同的用人单位和岗位，要有不同的简历。

6）个人简历要存底。

5. 就业推荐表

6. 各类证书复印件

在求职材料中附上毕业证书、学位证书、职业资格证书、技能证书等复印件的同时，要准备好原件供用人单位审查。另外，不是每一份求职材料都要罗列，要有所取舍，重点是根据需求突出特长。同时要准备电子版，用于网上投档。证书的排列顺序要分主次，要与职业岗位相关，重点强调奖励的级别和特殊性，最好将获奖难度或者范围标示出来，以突出获奖级别高且难。

知识储备三　简历六细节五注意

编写简历的六大细节见表7-8。

表7-8　六大细节

内容真实	应聘者的人品道德是用人单位最看重的
目标明确	明确自己希望的目标岗位
简单但厚实	一份一目了然的简历，一定是把应聘者的最大特点放在最突出的位置
采用倒叙方法	直接从最近的时间入手，让简历筛选者更容易获得重要信息
不要写所有经验	只需要描述与自己现在应聘职位要求相关的经验、经历即可
不同公司简历不同	应聘不同的企业，一定要用不同的简历

编写简历的五大禁忌见表7-9。

表7-9　五大禁忌

忌无个性	把自己的优势标在简历上，让招聘者一目了然
忌不"简历"	招聘者最关心的是你有哪些专业知识、才能，过去和最近一段时间干过什么，准备应聘什么职位，所以一定要将这些信息简单明了地列出
忌通篇英文	只有该单位需要使用英语，用人单位才会注重应聘者的英语水平及表达能力
忌专业人才不写专业技能	技能能充分证明你的能力和价值，应详细描述你取得的业绩的具体内容
忌留一种联系方式	要留多个联系方式，以便对方能快速联系到你

技能训练　求职材料的写作

1. 准备工作（表7-10）

表7-10　求职材料写作训练准备工作

场 地 准 备	工 具 准 备	课 堂 布 置	教 师 要 求
5把椅子/组 2张桌子/组	A4纸3张/人、黑色签字笔1支/人 计算机1台/组	5人/组，4组	着职业装

2. 分工合作

各个小组分工合作，设计求职资料的封皮、求职信，填写个人简历（每人一份），并最终形成一份完整的求职材料。

3. 展示评比

小组内评选出最优秀的求职材料进行展示，各小组组长对其进行评分，时间为10min。

4. 评价表（表7-11）

表7-11　求职材料写作评价表

评 价 项 目	封皮设计 （2分）	求职信 （2分）	简历设计 （4分）	整体效果 （2分）	总分 （10分）	
评 价 标 准	得体大方	符合要求	符合要求	符合求职要求	自评（　　）	互评（　　）
第　　组						
点 评 记 录	优点					
	缺点					

5. 自我总结

_____

_____

_____

 ## 学习情景二　汽车商务求职面试技巧

学习目标

知识目标：通过学习，学生能够把握求职面试过程中的基本礼仪。

能力目标：通过对面试技巧的学习和把握，学生能够轻松自如地面对面试。

情感目标：学生能够把面试交流的技巧融会贯通，进而提升自身的综合素养。

情景导入

小李是L市××职业学院汽车服务专业的一名准毕业生，接到L市××汽车4S店的面试通知，从来没有过面试经历的小李在感到高兴的同时又有些紧张，不知道如何从容地面对这次面试。

活动 >> 面试技巧

面试是整个求职过程中最重要的阶段，面试时的表现对是否能应聘成功至关重要。

面试是通过书面或面谈的形式来考察一个人的工作能力，通过面试可以初步判断应聘者是否可以融入自己的团队。它是一种经过组织者精心策划的招聘活动，是在特定场景下，以主考官对求职者的面对面交谈与观察为主要手段，由表及里测评求职者的知识、能力、经验等，如图7-2所示。

图7-2　面试

知识储备一　面试的基本礼仪

1. 遵时守信

求职者一定要遵时守信，千万不能迟到或者毁约。迟到和毁约是不尊重主考官的表现，也是一种不礼貌的行为。如果求职者有客观原因不能如约按时到场，应事先打个电话通知主考官，以免对方久等。如果已经迟到，不妨主动陈述原因，宜简洁表达。

2. 放松心情

许多求职者一到面试地点就会产生一种恐惧心理，害怕自己思维紊乱、词不达意、出现差错，于是往往会因为紧张而出现心跳加快、面红耳赤等情况。此时，应努力调节自己的呼吸节奏，尽量达到最佳状态后再面对主考官。

3. 以礼相待

求职者在等候面试的时候，不要旁若无人，随心所欲，对接待员熟视无睹，自己想干什么就干什么，给人留下不好的印象。对接待员要礼貌有加，也许接待员就是公司经理的秘书、办公室的主任或者人事单位的主管。如果你目中无人，没有礼貌，在决定是否录用时，他们可能有发言权，所以，你要给所有人留下良好的印象，而并非只是面试的主考官。需注意的是，面试时要自觉将手机静音。

4. 入室敲门

求职者进入面试室的时候，应先敲门，即使面试房间是虚掩的，也应该先敲门，千万不要冒冒失失地推门就进，给人鲁莽无礼的感觉。敲门要注意声音的大小和节奏。正确的是用右手手指关节轻轻敲三下，问一声："我可以进来吗？"得到允许以后再轻轻推门进去。

5. 微笑示人

求职者在进入面试室的时候，应该面露微笑，如果有多位主考官，应该面带微笑环视一周，向所有人致意。

6. 莫先伸手

求职者进入面试室的时候，行握手之礼，应该是主考官先伸手，然后求职者单手相应，右手热情相握。如果求职者拒绝或忽视了主考官的握手，则是失礼行为。若非主考官先主动伸手，求职者切勿贸然伸手与主考官握手。

7. 请才入座

求职者不要自己坐下，要等主考官请你就座。主考官请你入座时，求职者应该表示感谢，并坐在主考官指定的位置上。如果椅子不舒适或者正好面对阳光，求职者不得眯着眼，最好提出来。

8. 递物大方

求职者面试的时候应带上个人简历、证件、介绍信或者推荐信，面试的时候一定要保证不用翻就能迅速找到所有资料。送上这些资料时，应该双手奉上，表现得大方谦逊。

知识储备二　面试语言技巧

1. 谦虚谨慎

面试和面谈的主要区别就是面试时对方往往是多人，其中不乏专家、学者，求职者在回答问题的时候，切不可不懂装懂，不明白的地方就要虚心地请教或者坦白说不懂，这样才会给人留下诚实的好印象。

2. 机智应变

求职者一人面对众多考官的时候，心理压力很大，面试的成败往往取决于求职者能否机智果断地随机应变，当场把自己的聪明才智发挥出来。

3. 扬长避短

每个人都有自己的长处和不足，无论在性格上还是专业上，因此，在面试时一定注意扬我所长、避我所短。必要时可以婉转地说明自己的长处和不足，用其他的方法加以弥补。

4. 展示潜力

面试时间通常很短，求职者不可能把自己的全部才华展现出来，因此要抓住一切时机，巧妙地展示潜力。

知识储备三 面试心理调节

由于面试的成功与否关系到求职者的前途，所以在面试的过程中往往会产生紧张的情绪，有的人因为过度紧张导致面试失败。紧张在面试过程中是常见的。它是求职者在主考官面前精神过度集中的一种心理状态。初次参加面试的人都会有紧张的感觉，慌慌张张、粗心大意、说东忘西、词不达意的情况是常见的。

1. 保持平常心

在竞争面前人人都会紧张，这是一个普遍的规律，面试的时候你紧张，别人也会紧张，这是客观存在的，要接受这一客观事实。这时你不妨坦率地承认你的紧张，也许会得到理解。同时要进行自我暗示，提醒自己要镇定下来，常用的方法如大声讲话，把考官当作熟人对待，掌握说话节奏，深呼吸，都有利于消除紧张。

2. 不要把成败看得太重

"胜败乃兵家常事"，要这样提醒自己，如果这次不成还有下一次机会；这个单位不聘用还有下一个单位等着自己；即使求职不成，也获得了下次面试的经验。在面试过程中不要想面试结果，把注意力集中在谈话和答题上，这样会大大消除紧张感。

3. 不要把考官看得过于神秘

并非所有的考官都是经验丰富的专业人才，可能在陌生人面前也会紧张，认识到这一点就不用对考官过于畏惧，精神自然也会放松下来。

4. 要充分准备

实践证明，面试准备得越充分，紧张程度越小。考官提出的问题你都会，还紧张什么?知识就是力量，知识量会增加胆量。面试前除了要进行知识、技能、心理准备外，还要了解和熟悉求职的常识、技巧和基本礼节，必要时同学之间可以模拟考场，事先多次演练，相互指出不足，相互帮助，相互模仿，到面试的时候紧张程度就会减小。

5. 增强自信心

面试时应聘者往往要接受多方的提问，迎接多方的目光，这是造成紧张的客观原因之一。这时不妨将目光盯在考官的脑门上，用余光注视周围，这样做既能增强自信心又能消除紧张感。在面试过程中考官可能交头接耳小声议论，这是很正常的，不要将其当作精神负担，而应将其当作提高面试能力的动力，可以想象成议论是对你的关注，这样就可以增加信心，而提高面试的成功率；面试中考官可能提示你回答问题的不足甚至是错误，这也没必要紧张，因为每个人都难免会出差错，是事实就坦率承认，不合事实可婉言争辩，关键要看你对问题理解的程度和你敢于和考官争辩真伪的自信度。

技能训练 面试模拟

1. 准备工作（表7-12）

表7-12 面试模拟准备工作

场 地 准 备	工 具 准 备	课 堂 布 置	教 师 要 求
5把椅子/组 2张桌子/组	秒表1个 计算器1个	5人/组，4组	着职业装

2. 模拟演练

小组内相互作为考官和考生，进行模拟训练。

3. 展示评比

根据小组分工情况，模拟面试现场，由小组内1人扮演求职者，其他人作为考官，进行打分和评比。教师作为主考官，其余4个小组长作为考官，另选两名同学，1名同学负责计时，另1名同学负责统计分数，时间为5min。最后，由教师以及大众评委组，评出最佳面试选手。

4. 自我总结

_____

_____

_____

【思维拓展】 扫描二维码收听故事，回答问题。

_____

_____

_____

_____

_____

附录

 ## 附录A 世界各国主要节日中英文对照

1. 各国主要节日

元旦（公历1月1日）——New Year's Day

除夕夜（中国，农历十二月的最后一天的晚上）——New Year's Eve

春节（中国，农历正月初一）——Spring Festival（Chinese New Year）

元宵节（中国，农历正月十五）——Lantern Festival

情人节（西方节日，2月14日）——Valentine's Day

枫糖节（加拿大，3月）—— Maple Sugar Festival

植树节（中国，公历3月12日）——Arbor Day

愚人节（西方节日，4月1日）——Fool's Day

清明节（中国，公历4月5日前后）——Tomb-Sweeping Day

宋干节（泰国，4月13日）—— Songkran Festival

母亲节（5月的第2个星期日）——Mother's Day

父亲节（6月的第3个星期日）——Father's Day

端午节（中国，农历五月初五）——Dragon Boat Festival

仲夏节（北欧，6月24日）——Midsummer Day

八一建军节（中国，公历8月1日）——Army Day

筷子节（日本，8月4日）——Chopstics Day

中秋节（中国，农历八月十五）——Moon Festival

教师节（中国，公历9月10日）——Teacher's Day

老年节（又叫重阳节，中国，农历九月初九）——Double Ninth Festival

国庆节（中国，公历10月1日）——National Day of the People's Republic of China

万圣节（西方节日，11月1日）——Hallowmas

感恩节（美国，11月第4个星期四）——Thanksgiving Day

圣诞节（西方节日，12月25日）——Christmas

2. 国际性节日

国际妇女节（3月8日）——International Women's Day

世界消费者权益日（3月15日）——World Consumer Right Day

世界水日（3月22日）——World Water Day

世界卫生日（4月7日）——World Health Day

世界地球日（4月22日）——World Earth Day

国际劳动节（5月1日）——International Labour Day

国际红十字日（5月8日）——International Red-cross Day

国际护士节（5月12日）——International Nurse Day

世界无烟日（5月31日）——World No-somking Day

国际儿童节（6月1日）——International Children's Day

世界环境日（6月5日）——World Environment Day

世界人口日（7月11日）——World Population Day

世界旅游日（9月27日）——World Tourism Day

世界邮政日（10月9日）——World Post Day

世界粮食日（10月16日）——World Grain Day

世界艾滋病日（12月1日）——World Aids Day

世界残疾日（12月3日）——World Disabled Day

附录B　常用英文礼仪用语

Good morning. 早上好！

Good afternoon. 下午好!

Goodbye. 再见。

See you later. 一会儿见。

See you tomorrow. 明天见。

Glad to meet you. 见到你很高兴。

Welcome here next time. 欢迎下次再来。

You first, please. 您先请。

Please walk slowly. 请慢走。

Excuse me. 打扰一下。（不好意思/很抱歉）

I am not intentional. Please forgive me. 我不是故意的，请原谅。

Sorry. 对不起。

Not at all. 没关系。

Can I help you? 我能帮助你吗?

Thank you. 谢谢。

Thanks, I can manage it. 谢谢，但我自己能行。

No，thanks. 不用，谢谢。

Take it easy. 别着急。

No problem. 没问题。

Don't worry. I will help you. 别担心，我会帮你的。

It's my pleasure to help you. 我很愿意帮助你。

Thank you for your help. 谢谢你的帮助。

It's my pleasure. 这是我应该做的。

Please tell me. 麻烦你告诉我一下。

May I ask a question? 我能问你一个问题吗?

Of course. 当然可以。

Let me think over, please. 请让我想一想。

Add some trouble to you. 给你添麻烦了。

This way, please. 请这边走。

Be quiet, please. 请安静。

Wait a minute, please. 请稍等一下。

Please queue up. 请自觉排队。

Please close the door. 请关上门。

May I come in? 我可以进来吗?

Who is it, please? 请问你是谁?

Come in, please. 请进。

Sit down, please. 请坐。

Have some water, please. 请喝水。

How are you / How do you do /Hello! 你好!

Nice to meet you! 很高兴见到你!

It's so nice to see you again. 很高兴又见面了.

Never mind. /It doesn't matter. /Not at all. 没关系.

Let me help you. 让我来帮助你.

What can I do for you? 我能帮你做什么吗?

Can you give me a hand? 你能帮我一下吗?

It's a rewarding trip! 不虚此行!

Thank you so much for coming. 感谢光临!

Hope you'll come again. 欢迎再来!

I will see myself out, please. 请留步，不用送了!

Take care! 多保重!

Have a nice trip! 祝您一路平安!

Your valuable advice is most welcome. 欢迎多提宝贵意见。

Please have a seat. 请入席!

Please yourself at home. /Please enjoy yourself. 请随便!

Help yourself please. 请各位随意用餐。

Here's to you! 敬您一杯!

To your health! 祝你健康!

I'll drink to that! 我要为此干杯!

Excuse me for a minute. 我失陪一会儿。

参 考 文 献

[1] 孟晋霞. 汽车商务礼仪[M]. 北京：清华大学出版社，2012.

[2] 舒静庐. 商务礼仪[M]. 上海：上海三联书店，2014.

[3] 姚飞，赵珊娜，白林. 汽车商务礼仪[M]. 北京：北京理工大学出版社，2014.

[4] 吴新红. 商务礼仪[M]. 北京：化学工业出版社，2014.

[5] 吴新红. 实用礼仪教程[M]. 北京：化学工业出版社，2011.